UN VIAJE HACIA EL AMOR (PROPIO)

David Gómez

UN VIAJE HACIA EL AMOR
(propio)

DESCUBRE LAS CLAVES
PARA CUIDAR LA RELACIÓN
MÁS IMPORTANTE DE TU VIDA

Urano

Argentina – Chile – Colombia – España
Estados Unidos – México – Perú – Uruguay

1.ª edición Abril 2024

Copyright © 2024 by David Gómez
© 2024 *by* Urano World Spain, S.A.U.
Plaza de los Reyes Magos, 8, piso 1.º C y D – 28007 Madrid
www.edicionesurano.com

ISBN: 978-84-18714-49-8
E-ISBN: 978-84-19936-78-3
Depósito legal: M-2.691-2024

Fotocomposición: Ediciones Urano, S.A.U.

Impreso por: Rodesa, S.A. – Polígono Industrial San Miguel
Parcelas E7-E8 – 31132 Villatuerta (Navarra)

Impreso en España – *Printed in Spain*

ÍNDICE

INTRODUCCIÓN

«Caminante, no hay camino,
se hace camino al andar.»

Antonio Machado en *Proverbios y cantares*

LA VIDA ES UN VIAJE

Como ya habrás notado, la vida duele porque ser humano implica tomar contacto con el sufrimiento. Y es que vivir es todo un viaje que suele plantearte un difícil camino a recorrer. Algunas veces tienes una hoja de ruta bien definida, pero en la mayoría de las ocasiones tu guía de viaje parece que ha sido escrita por un mono con platillos, le faltan hojas y está en un idioma desconocido. Ciertas etapas transcurrirán por un floreado sendero y otras caminarás cuesta abajo y sin frenos por un camino lleno de afilados pedruscos.

Durante este viaje sentirás alegría, calma y orgullo, pero también aparecerán la tristeza, la ansiedad y la culpa. **En ocasiones sentirás que todo está yendo bien y experimentarás amor y felicidad, pero en otras enfrentarás una gran pérdida y sentirás desesperación.** Unas veces irás de la mano de bonitos sentimientos y pensamientos, y otras entrarán en ti incómodos compañeros de viaje.

El caso es que, una vez que se inicia este viaje, ya no hay vuelta atrás. Dicho así da un poco de miedo, ¿verdad? Como ese trapecista dispuesto a ejecutar un triple salto mortal sin red de seguridad debajo.

Bien, lo cierto es que es normal sentir miedo o, al menos, un poco de vértigo hacia la vida, porque a pesar de vivir en la era tecnológica, con los supuestos mayores estándares en calidad de vida y el acceso a cientos de recursos, también estamos en un macrocontexto social de precariedad que nos dispara cotas de malestar emocional y sufrimiento cada vez mayores. Además, nos plantean la vida como si fuera una lista de tareas a completar: portarse bien, estudiar sacando notazas, encontrar pareja cuanto antes, casarse, tener hijos, casa con hipoteca, perro, y **seguir una línea socialmente establecida, te guste o no.** Y no te dejes nada, que, si no, te dirán que estás incompleto o que has hecho las cosas mal.

¿De verdad que ya está?, ¿la vida es esto?, ¿y si eso no es lo que realmente deseas?, ¿y si este no es el camino que quieres recorrer? Además, si observas a las personas que tienen todo eso tampoco es que parezcan muy felices. Así que te planteo una difícil pregunta: **¿al servicio de qué está tu vida ahora mismo?** Vale que no te estoy planteando el principio más optimista para un libro, pero te prometo que todo esto irá teniendo sentido a lo largo de su lectura para que puedas manejar el dolor y vivas una vida con significado.

> **Cada viaje, cada camino y cada persona, es único y diferente. No existen dos iguales. Que nadie te diga y te imponga cómo tienes que pensar, sentir, comportarte y vivir.**

Puede que lo verdaderamente importante no sea llegar a Ítaca, sino el propio viaje. Y resulta que este viaje eres tú con un camino por delante a recorrer. Con este planteamiento, me gustaría preguntarte **cómo te gustaría que fuera ese camino: TU VIDA.** Sería interesante que te hicieras esta pregunta para que puedas tomar decisiones que se ajusten a tus deseos y, así, acercarte a lo que para ti es verdaderamente importante. Eso sí, quiero advertirte que tomar una dirección que sea la que se adecue a ti no te va a librar de las piedras en el camino, que pueden adquirir la forma de pensamientos negativos, emociones intensas que no sabes controlar, sentimientos que te enredan, fracasos vitales, rupturas sentimentales, amistades que te traicionan, o cualquier circunstancia complicada que te pueda presentar la vida. Lo que sí te garantizará es poder llevar esas dificultades de una manera mucho mejor que si estuvieras viviendo una vida que no te representa. **Lo bonito del viaje de tu vida es que lo puedas elegir tú** y te aseguro que lo puedes hacer, aunque no te lo hayan puesto fácil, porque en algún momento cuestionaron tu criterio o ignoraron tu realidad emocional.

El problema es que solemos llegar a la vida adulta más perdidos que Siri en una rotonda de cinco salidas porque **venimos condicionados por aprendizajes que muchas veces hacen que vivamos en piloto automático,** dejándonos guiar por un GPS programado por otros. Por eso, justamente lo que yo te propongo en este libro es que te animes a lanzar por la ventana el GPS que te han dado para empezar a cuestionarte el camino que te han mostrado. Como si elevaras la mirada y buscases tu propia luz.

> «Neo, tarde o temprano entenderás, igual que yo, que existe diferencia entre conocer el camino y andar el camino». —Morpheo en *Matrix* (Lilly Wachowski y Lana Wachowski)

Y es que ¿alguna vez te has parado a pensar en ti? Imagina que eres un actor o actriz que sale al escenario, y te plantas bajo un brillante foco que solo te ilumina a ti, desde donde puedes ver al público observándote. ¿Qué harías? ¿Mandarías a tomar viento a todos? **¿Les dirías que solo quieres entenderte, comprenderte, abrazarte y que tan solo deseas estar bien contigo mismo? ¿Que has decidido dejar de funcionar en piloto automático y que vas a decidir qué personas quieres que te acompañen en este camino que te queda por recorrer y que solo permanecerán a tu lado mientras te aporten bienestar, y que cuando no sea así, las mandarás a freír churros?**

Si es así, te felicito sinceramente. Y es para esto, para que puedas sentirte libre y seguro de ti mismo y de tus decisiones, para lo que he escrito este libro. También para que puedas liberarte (que no librarte) de esos pensamientos y sentimientos que no te gustan. Y para que puedas encontrar compañeros de viaje que, en lugar de secuestrar tu dirección, te acompañen en tu camino y sumen en tu vida.

Todos conocemos ese peligroso imaginario colectivo donde la chica renuncia a lo que sea para entregarse al amor heteronormativo como si este fuera el sentido último de la existencia femenina, o el famoso chico conoce chica, viven una relación llena de obstáculos y al final lo dejan porque ella decide que va a empezar una nueva vida en otro país y justo en el último momento él va presa de los nervios al aeropuerto para recuperarla en nombre del amor verdadero (ejem, secuestrarla en nombre del egoísmo y la posesión) mientras todos aplauden y exclaman ¡ooooooh!

Es evidente que la cultura también nos impone cómo tenemos que vivir el amor. Y lo peor es que, aun sabiendo racionalmente que eso solo es ficción, que ese amor no es real y que solo pretende vendernos palomitas, nos vemos inmersos y enredados una y otra vez en ese tipo de patrones relacionales. Es como si las relaciones no se construyeran, sino que las metemos con calzador en el modelo relacional imperante. **¿Y si tú lo que quieres no es una relación seria, sino una relación sana?**

Por todo esto (y por mucho más que irás leyendo) te planteo un viaje de varias etapas. En cada una de ellas vas a tomar contacto con una parte de ti. A veces interna, como son tus pensamientos, emociones, sensaciones físicas, autoestima, creencias y reglas verbales; y otras veces externa, como puede ser el contexto en el que te encuentras o el casi algo que estás conociendo y te lleva por el sendero de la ansiedad. **Vas a ser capaz de evaluar qué está funcionando y qué no en tu vida** y comprenderás que, si sigues peleándote con tus pensamientos y emociones, vas a terminar derrotado y sin avanzar en tu camino. Y adquirirás un nuevo equipaje lleno de habilidades de regulación emocional para que vivas una vida plena y con sentido.

Ahora sí, te advierto, como ya te he dicho antes, que no te voy a evitar el sufrimiento. **El sufrimiento forma parte de la vida, queramos o no.** Casi todas las personas terminamos cayendo al barro. Así que uno de los objetivos que quiero que alcances a lo largo de esta aventura es que seas capaz de manejarlo, no de eliminarlo.

En este camino nos va a tocar aceptar que el sufrimiento forma parte inherente de la vida. Las dos caras de una moneda, coexistiendo. Y terminaremos tomando contacto con él.

Habrás leído demasiadas veces que «la felicidad depende de ti», «elimina la ansiedad en 10 sencillos pasos», «no es lo que te hacen, sino cómo te lo tomas» y otras teorías pseudocientíficas que te generan aún más malestar emocional. Este tipo de mensajes tienen varios problemas. **No funcionan y además te responsabilizan de las cosas que te pasan.** El positivismo tóxico y la trampa de la felicidad te ofrecen mensajes como «todo depende de ti», «la actitud lo puede todo», «todo problema es una oportunidad», «sé positivo», «atraes lo que piensas» y «pide al universo», como si fuera un *delivery*, no hacen más que culparte si te va mal en la vida y no eres feliz.

Sin embargo, la ciencia de la psicología nos dice que lo importante se encuentra en la interacción entre la persona y el contexto. Así que me gustaría que este libro sea **un viaje hacia tu autoconocimiento. Un refugio para ti. Tu lugar seguro. Un camino de autocompasión. Un viaje hacia el amor propio. Con aceptación, validación, respeto, cariño y empatía.** Que puedas parar y escucharte entre tanto ruido. Revisar qué es lo que está funcionando de verdad en tu vida y lo que no, eso que te enreda y te hace sufrir, entendiéndote, sin prometerte milagros, pues no puedo arreglarte la vida con un libro (ojalá).

Aquí encontrarás algo que denomino **realismo saludable.** Ese que te dice que, por muy fuerte que seas, un puñetazo en toda la cara te va a doler. Y lo mismo con tu bienestar psicológico. Ya puedes ser la persona más fuerte y mejor trabajada del mundo, que en un contexto inadecuado tu autoestima va a resultar muy dañada. Y por supuesto dejando claro que un libro no sustituye, ni de lejos, una terapia psicológica.

Una parte de mi viaje ha consistido en escribirte este libro. Una parte del tuyo será leerlo (más adelante te sugeriré cómo puedes hacerlo). Este libro es para ti si:

- Sientes que estás perdido en la vida.
- Algunos días te pasarías la mayor parte del tiempo en la cama sin querer salir.
- Tienes la sensación de repetir patrones en tus relaciones afectivas.
- Siempre te fijas en el mismo perfil de persona, uno que además no te conviene.
- Terminas diluyéndote en los sentimientos y necesidades de los demás.
- Te cuesta pasar tiempo contigo a solas.
- Da igual lo que pase, terminas pidiendo perdón por todo.
- La imagen que te devuelve el espejo es de rechazo.
- Consideras que tu vida amorosa te supera y te hace sufrir.
- Crees que nada te sale bien.
- Tus pensamientos no te dejan vivir en paz.
- Las emociones que sientes son tan abrumadoras como una fuerte tormenta de verano.
- Estás viviendo en contra de lo que para ti es realmente importante.
- Sientes que no eres especial, interesante o que no tienes nada que aportar.
- Te comparas constantemente con los demás.
- Te han dicho o piensas que eres una persona intensa, dramática y exagerada.
- Piensas que no encajas y te sientes solo a pesar de estar rodeado de gente.

- Tienes la extraña sensación de que vas a contracorriente.
- Dependes de la pareja para sentirte bien.
- Necesitas la validación de alguien para sentirte bien o tomar decisiones.
- Alargas relaciones que no funcionan por miedo a quedarte solo.
- Con tus parejas acabas mendigando amor para que el vínculo no se termine.
- Si alguien te pregunta por tus cualidades positivas, no sabes qué responder o no te sientes cómodo haciéndolo.
- Te cuesta horrores poner límites a los demás.
- El sentimiento de culpabilidad no te deja avanzar.
- Sientes que molestas y que eres poquita cosa.
- Vives con esa sensación constante de que no te da la vida para todo lo que tienes que hacer.
- Necesitas tenerlo todo bajo control y no soportas la incertidumbre.
- Tu pasado es una carga difícil de soltar.
- Vives conforme a lo que los demás esperan de ti.

Si te has sentido identificado con alguna de estas afirmaciones, si te ha removido leerlas, si en tu historia existen episodios en los que te has sentido así y si te gustaría trabajar aspectos de tu vida relacionados con la lista que acabas de leer, este libro es para ti. **Una persona que lleva toda la vida intentando hacerlo lo mejor que puede, adaptándose a un contexto que no se lo pone nada fácil.** Porque dentro de ti existe un pequeño gran superviviente.

Aunque las personas intentamos hacerlo lo mejor que podemos, en cada una de estas situaciones descritas hay **procesos psicológicos implicados que están funcionando regular:** puede tratarse de procesos cognitivos, disregulación emocional, inflexibilidad psicológica, fusión con tus sentimientos y pensamientos, procesos atencionales alterados, un sentido del «yo» inestable, baja autoestima, invalidación emocional, desmotivación, falta de definición de valores, una historia de aprendizaje difícil, un contexto que no te lo pone nada fácil (y es que no todo depende de ti) y conductas que te enredan e impiden avanzar.

Espero que lo que vas a aprender y trabajar conmigo te resulte útil en el viaje que te propongo hacia el amor propio. Ojalá pudiera darte una solución inmediata y universal, pero no es posible, habrá que trabajar un poco (o mucho) hasta que te perdones, hasta que te abraces, hasta que mandes por ahí todo aquello que no te viene bien y puedas acercarte a todo aquello que sí le viene bien a tu vida. ¿Me permites acompañarte?

CÓMO LEER ESTE LIBRO

El libro se compone de 6 capítulos, como si fueran 6 etapas de un camino que te invito a transitar a través de su lectura. En el primero vas a realizar un recorrido por tu historia de aprendizaje, tomando consciencia, dándole sentido y otorgándole el espacio que necesita en tu presente. El segundo está dedicado a las emociones y al aprendizaje de habilidades de regulación emocional para que dejen de dolerte tanto y no actúen como una barrera en tu camino. El tercero tiene como protagonistas a tus pensamientos, molestos copilotos que a veces nos hacen tomar direcciones erróneas. Aquí aprenderás a mejorar la relación que tienes con ellos y a disminuir el impacto que tienen en tu vida mediante unos ejercicios chulísimos. En el cuarto capítulo construirás una brújula que te permitirá orientarte hacia tus valores, que son todo aquello que es importante para ti. En el quinto trabajaremos tu autoestima, así que veremos qué puedes hacer para que sea sana y adquieras un sentido del *yo* muy estable. Y para acabar, en el sexto capítulo abordaremos los vínculos afectivos con el objetivo de que aprendas a cultivar y mantener relaciones sanas, centrándonos en las relaciones de pareja, pero aplicable a cualquier tipo de vínculo. **Todo esto conforma el viaje de tu vida.** A través de un camino de autodescubrimiento y con una clara dirección: la del amor propio.

He escrito este libro como si me estuviera dirigiendo a alguien que conozco de manera cercana, así que te hablaré de forma cruda y sin anestesia. Como dos amigos que están tomando algo en una soleada terraza frente a un mar en relativa calma mientras conversan sobre la vida.

Leer este libro te va a remover interiormente, y te puede resultar doloroso en algunos momentos, pero te aseguro que no será en vano, porque aprenderás a otorgarle un sentido a ese dolor y a alinearlo con tus valores. Así que, **si en algún momento algo te remueve, te prometo que será terapéuticamente necesario y que tendrá algún sentido.** Ten paciencia contigo y haz este viaje a tu ritmo.

Llevo muchos años escuchando historias de personas que sufren. Van a ser parte importante de la narrativa, pero siempre respetando y salvaguardando su intimidad. En mis cuentas de divulgación, el 80 % de las personas que me siguen son de género femenino, tengo más amigas que amigos y conozco más psicólogas que psicólogos. Creo que es muy posible que sean más mujeres que hombres las que lean este libro y a ellas está dedicado. No obstante, voy a dirigirme, con todo mi cariño, a cualquier persona independientemente de su género sin intención de discriminar a nadie.

Te avanzo también que el libro está lleno de metáforas, pues son un recurso narrativo y terapéutico maravilloso. De hecho, se encuentran en el origen del lenguaje humano y constituyen uno de los fundamentos de nuestra manera de hablar con las personas. Ciertas metáforas provienen de la larga tradición que tiene la psicología y que han ido creando diversos autores para ayudarnos en la práctica clínica, otras provienen de mis años de experiencia y las he ido desarrollando para ayudar a las personas que atiendo durante las sesiones. **Mi objetivo utilizándolas aquí es que sirvan para facilitar la comprensión** y que actúen como un vehículo que te permita entender más fácilmente qué es eso de la historia de aprendizaje, la regulación emocional, la autoestima, los valores y las relaciones afectivas (entre otras muchísimas cosas).

No quiero que leas este libro como un recetario de consejos a aplicar. La regulación emocional es muy compleja y suele requerir de meses de terapia cuando algo no funciona. En muchas ocasiones, además, poco se puede hacer porque el contexto es realmente complicado. **Así que te pido que hagas una lectura activa y consciente, integrando el contenido de este libro en tu historia de vida y contexto presente.**

Tanto si lees en el metro o el autobús yendo a tu trabajo, como si lo haces en tu rincón de lectura con una manta y tu gato, subraya y haz anotaciones, usa marcadores de colores y pegatinas, comparte conmigo tus experiencias y aprendizajes, sube a redes sociales lo que te apetezca **(etiquétame para que me entere con @davidgomezpsicologo)** o envíame un mensaje si hay algo que no comprendes.

Quizás este libro pueda acompañarte durante una parte de tu camino para ayudarte a aliviar tu sufrimiento. Para que, a pesar de la que está cayendo ahí fuera, aprendas a quererte bonito. Y a recibir todo ese amor que realmente te mereces. Y a dejar de pelearte con lo que sientes. Espero que disfrutes de su lectura y puedas aprender una barbaridad de cosas.

Y ya para terminar esta introducción, me gustaría presentarme, porque puede que me conozcas a través de mis cuentas de psicología de Instagram y TikTok, me hayas visto en televisión, leído en algún artículo en prensa, algún vídeo en YouTube o incluso hayas estado conmigo en algún evento de divulgación, pero lo más probable es que no tengas ni idea de quién soy. Puede que hayas comprado este libro porque ha reclamado tu atención mientras dabas una vuelta por tu librería favorita, o quizás te lo han regalado. Sea como fuere y si me lo permites, me gustaría hablarte un poco de mí.

Me llamo David y soy psicólogo sanitario, es decir, alguien que se ha formado y trabaja en el ámbito de la psicología clínica y de la salud. ¿Sabes la típica historia del psicólogo que desde pequeño tenía claro lo que quería ser mediante esa vocación que entra por la ventana en forma de rayo de luz divino? **Pues ese no soy yo porque hasta los 28 años estaba perdidísimo en la vida.** Sin comprender absolutamente nada de lo que me sucedía y rodeaba, con mi cabezota hecha un lío y mis emociones revueltas, hasta que un buen amigo me prestó un libro como el que ahora mismo estás leyendo que me atravesó cual flechazo. Y desde entonces, llevo media vida aprendiendo (para mí es tan importante aprender que es un concepto que llevo tatuado) y ejerciendo como psicólogo en mi clínica privada en el marco de los trastornos emocionales, la autoestima, los trastornos de la conducta alimentaria, la sexualidad, la psicología deportiva y las relaciones afectivas.

Cuando empecé a trabajar en consulta en salud mental me di cuenta de que generalmente se intenta hacer encajar al paciente en una lista de síntomas que conforman una etiqueta que, por muy descriptiva que pretenda ser, no dice nada realmente sobre la persona, su historia y su manera de entenderse a sí misma y a la vida. Como si todos fuéramos iguales y se nos pudiera clasificar. Actualmente, cuando una persona se sienta delante de mí en la consulta y me habla de todas las etiquetas que le han colgado, le pido que las deje a un lado y me cuente quién es: que me hable de su historia, de su sufrimiento, de sus anhelos y de cómo le gustaría que yo le ayudase. Porque lo que realmente voy a hacer es acompañar a esa persona durante una parte de su camino.

Y esto es, precisamente, lo que pretendo hacer contigo a través de esta lectura. Todo el contenido está basado en mi formación y mi experiencia profesional acumulada durante años ayudando a personas como tú desde mi consulta, donde me acompaña además un equipo maravilloso.

....

«Cada secreto del alma de un escritor, cada experiencia de su vida, cada cualidad de su mente está escrito en gran medida en sus obras».
—Virginia Woolf

....

Pero, más allá de todo esto, también soy persona. **El psicólogo y la persona son inseparables, y juntos hacemos sinergia (aunque a veces no nos aguantamos).** Lo notarás en el estilo de la redacción, lleno de crudeza, pero también de humor. Y en los planteamientos científicos en los que está basado el contenido, en los ejemplos reales expuestos y en la manera de plantear útiles y sencillos ejercicios que podrás aplicar para que te ayuden en tu viaje. Todo lo que vas a leer es un reflejo de mí mismo, de cómo entiendo la psicología y de cómo soy en la clínica. Lo he escrito con mis dedos, pero te hablo desde el corazón.

Ahora sí, comencemos.

1

LA MOCHILA EMOCIONAL: EL EQUIPAJE QUE LLEVAS CONTIGO

«¿Cómo se retoma el hilo de toda una vida?
¿Cómo seguir adelante cuando en tu corazón
empiezas a entender que no hay regreso posible?
Que hay cosas que el tiempo no puede enmendar,
aquellas que hieren muy dentro, que dejan cicatriz.»

Frodo Bolsón en *El retorno del Rey* (Peter Jackson)

TU HISTORIA DE APRENDIZAJE

Me gustaría comenzar este capítulo con la historia de María. Mi memoria recupera de manera cristalina ese momento en el que entró por la puerta de la clínica, se sentó en la silla y, en cuanto formulé la pregunta «¿Cuál es el motivo de la consulta?», se puso a llorar y a continuación me pidió perdón por sus lágrimas. Cuando por fin pudo recomponerse un poco, comenzó a explicarme que, aunque recordaba una infancia feliz, en su casa no habían sido muy afectuosos, ni de expresar mucho las emociones. De hecho, recordaba que cuando ella sentía miedo o se ponía triste rápidamente le decían que tenía que ser fuerte porque la debilidad no llevaba a nada en la vida.

Como sus padres no querían que terminara como ellos, encadenando trabajos precarios, daban especial importancia a los estudios, y María sentía la presión constante de no poder defraudarlos y, si bien hacía todo lo que se esperaba de ella, nunca llegaba a sentirse satisfecha con sus resultados, por muy buenos que fueran, y siempre sentía que podía dar aún un poco más.

María era una niña complaciente y madura para su edad y, como ella me contó, no terminaba de encajar con las chicas de su clase pues consideraba que perdían el tiempo con tonterías. Al fin y al cabo, ella siempre tenía responsabilidades de adulta.

Cuando cumplió 13 años sus padres se separaron y con eso llegó la ruptura del núcleo familiar. Después del divorcio María subió de peso y comenzó a sufrir de unos intensos brotes de acné. Fue también en ese momento cuando comenzó el acoso escolar por parte de sus compañeros de clase. La etapa escolar de María está teñida por el recuerdo de una inmensa sensación de soledad. En el recreo sus compañeros se metían con ella y no la invitaban ni a los planes ni a los cumpleaños.

A los 17 años conoció a un chico y cuando él le pidió para ser su novio ella no lo dudó ni un segundo. Comenzaron a salir y por fin ella empezó a sentirse menos sola. Al principio todo iba sobre ruedas, él la trataba como una princesa y la llenaba de halagos, pero a los pocos meses empezó a mostrarse diferente. Se enfadaba si ella se ponía una minifalda y, cuando discutían por algo, María acababa sintiéndose culpable, así que terminó por no decir las cosas, pues tenía un poco de miedo a las reacciones de su pareja. También se ponía celoso cuando ella hablaba con otros chicos, pero le decía que era porque la quería y porque tenía miedo de perderla y, si bien al principio a ella le parecía algo romántico, al cabo de un tiempo comenzó a incomodarle.

Al terminar la universidad finalizó esa relación porque conoció a otro chico que la trataba genial al inicio, pero al final resultó ser igual que los que vendrían después, lo que ella relató como «es que todos me han salido rana».

Si pasamos al terreno laboral, tampoco se siente satisfecha. Si bien tiene un trabajo estable, siente que sus compañeros pasan por encima de ella, lo que le genera mucha ansiedad. A pesar de considerarse una persona de éxito y de tener todo lo que se supone que necesita, María vive con una profunda sensación de tristeza y tiene muchísimos pensamientos negativos sobre su vida que no la dejan en paz, y que la llevan a sentir una insatisfacción vital constante. María, entre lágrimas, me pide ayuda y comenzamos a trabajar juntos.

Esta historia me permite hablar de varios temas. En primer lugar, el tipo de conducta que hemos visto al inicio de la narración: disculparse por expresar una emoción como la tristeza. Esto es, por desgracia, muy habitual y no sucede lo mismo con la alegría. ¿Te imaginas ir al teatro a ver a tu monologuista favorito y pedir perdón por reírte? Suena absurdo, ¿verdad? Pues, con el llanto no pasa lo mismo, llorar no está bien visto, es de quejicas o débiles y es molesto o desagradable. Socialmente la tristeza es una emoción a evitar y de la que huir, como si llorar fuera una conducta que hay que esconder porque genera mucha culpa y vergüenza. De ahí que solamos pedir «perdón por llorar».

De manera que este fue uno de los primeros trabajos que abordé en terapia con María, que se permitiera llorar, atendiendo a esa emoción que pide salir con urgencia. De esta manera, el espacio de terapia se convirtió en su lugar seguro, en un nuevo contexto de validación y expresión emocional, al contrario de lo que había sucedido en su historia, donde era sistemáticamente castigada por expresar sus sentimientos de tristeza.

La historia de aprendizaje es todo el conjunto de interacciones atencionales, cognitivas, fisiológicas, emocionales y conductuales que hemos ido haciendo a lo largo de nuestra vida con nosotros mismos, los demás y el contexto, incluyendo sus consecuencias. **Porque nuestras acciones, independientemente de que hayan sido realizadas en nuestra época adulta o cuando éramos tan solo un bebé, siempre están vinculadas con algo o alguien y tienen consecuencias.**

Simplificando al máximo, si ante un evento hacemos algo (llorar en el caso de María) y a esta acción le sigue una consecuencia aversiva («no llores, que molestas»), intentaremos no hacerlo más para evitar de nuevo esas consecuencias desagradables. Lo que ocurre es que, como veremos a lo largo del libro, las personas no elegimos lo que sentimos. Así que, si me siento triste y tengo ganas de llorar, pero intento suprimir esa emoción porque he aprendido que está mal hacerlo, tarde o temprano esto estallará en forma de trastorno emocional.

> **Todo lo que piensas, sientes y haces en este preciso momento es una fotografía que captura toda tu historia de aprendizaje. Como si fueras el eco de tu historia.**

Tu historia es la responsable de que muchas veces te sientas como ese barquito de papel, pequeño, frágil y solitario, que se encuentra a la deriva intentando escapar de un mar tormentoso. Desea avanzar, pero no lo logra porque está anclado a un gran peso que amenaza con hundirle. Es por ello que, para manejar tu presente, necesitas revisar tu pasado, comprender tu historia y ver qué hay en esa mochila que llevas. Porque de esto no te vas a poder desprender, pero sí que te puede aliviar un poquito la carga para que seas capaz de avanzar.

Si bien es cierto que en el pasado no se puede intervenir (salvo que tengas una máquina del tiempo, claro) porque solo nos pertenece el aquí y el ahora, esto no implica que tengas que resignarte. Tu pasado influye y predispone, sí, pero no determina y no tiene por qué ser una prisión. Por lo tanto, vas a utilizar tu historia para saber de dónde vienes, de manera que puedas comprender todo lo que estás sintiendo hoy desde otro prisma, el de la validación emocional. Esto también te ayudará a regular mejor tus emociones, como desarrollaré más adelante.

> **Cuando éramos pequeños nos encantaba ir al cole con una mochila de nuestros personajes de dibujos favoritos. Pero cuando somos adultos lo que cargamos es una mochila llena de experiencias de dolor.**

Quiero aclarar que los problemas emocionales (la «mochila» emocional) que sufrimos las personas no tienen por qué ser consecuencia de familias disfuncionales ni de conductas de maltrato. Afortunadamente, la mayoría de los padres intentaron hacerlo lo mejor que supieron y pudieron, aunque a veces la sobreprotección o el querer que fuéramos los mejores para que no pasáramos por lo que pasaron ellos nos haya resultado más negativo que positivo.

Entonces, para recapitular, los mensajes que hemos recibido de pequeños tienen ahora, en nuestra vida adulta, un impacto que puede llegar a manifestarse en diversos problemas emocionales. Pensando en esto, mientras estaba escribiendo este capítulo, se me ocurrió preguntaros en mi cuenta de Instagram esas cosas que os dijeron cuando erais peques y que os dejaron marca. La verdad es que me habéis escrito muchísimas, así que os he seleccionado las que más se repetían:

- «Tienes que sacar buenas notas, no me decepciones.»
- «No llores, que no es para tanto.»
- «Si te portas mal te daremos a otra familia.»
- «Eres demasiado tímido, no llegarás a ningún lado.»
- «Eres muy torpe, no vales para nada.»
- «Mejor deja de comer que gorda nadie te va a querer.»
- «Con este carácter nunca conseguirás pareja.»
- «Un 9 está muy bien, pero para la próxima hay que ir a por el 10.»
- «Siempre estás en medio molestando.»
- «¿Por qué no eres como tus primos? Ellos sí que son listos.»

- «¿De qué tienes miedo? Eso es una tontería, tienes que ser fuerte y valiente para llegar a algún sitio en la vida.»
- «No está bien decir cosas buenas sobre ti, ¿quién te crees que eres?»
- «Si te hacen *bullying* será por algo...»
- «¡Qué tonterías dices! Tienes muchos pájaros en la cabeza.»
- «Las cosas se hacen bien o no se hacen.»
- «Tú tienes que ver, oír y callar.»

Del mismo modo que un accidente de tráfico es un instante en el tiempo que puede dejar secuelas de por vida, estas verbalizaciones emitidas a un niño o una niña, o incluso cuando somos adolescentes y adultos, también.

Me gustaría que, al igual que hicieron mis pacientes y personas que me siguen en redes sociales, te detengas un momento y escribas algunas de las frases que te hayan dicho a ti y que creas que te han marcado. También puedes recurrir a las que aparecen en el listado anterior si crees que te representan.

1. ....
2. ....
3. ....
4. ....
5. ....

Más adelante verás, de manera muy sencilla, cómo esto que has escuchado a lo largo de tus primeros años de vida te ha dañado en lo más profundo. Todas estas verbalizaciones funcionan, volviendo al ejemplo del barquito de papel, como un enorme peso que nos impide avanzar.

**Una vez que seas consciente de estas frases,
es probable que te des cuenta de que es también
la forma en que te hablas actualmente.**

El eco de tu historia

Retomemos ahora la historia de María. Ella habla sobre una etapa en la que sufrió acoso escolar. La identidad, el autoconcepto, la autoestima y el sentido de pertenencia se construyen estando inmersos en el contexto social, necesitamos pertenecer a un grupo. Cuando sufrimos acoso y quedamos fuera, lo que percibimos es que todo el mundo encaja, es validado, comprendido, querido... y nosotros no.

A María la rechazaron, no la avisaban de los planes y se metían con su aspecto físico, la apartaban y la hicieron sentir diferente. Por supuesto, la conclusión que sacó es que la culpa era suya: «Si todo el mundo encaja y yo no, algo raro debo tener, no debo ser suficiente».

Estos pensamientos que nos han hecho interiorizar terminan definiendo nuestra identidad y hacen que rechacemos ciertos aspectos de nuestra persona o de nuestro cuerpo y que comencemos a desear ser diferentes porque nos daría acceso al grupo. El problema es que **no hay nada malo en nosotros, lamentablemente hemos sido víctimas de la invalidación y el rechazo, lo que propició desarrollar un autoconcepto vacío y una autoestima dañada** que luego trasladaríamos a la vida adulta, repercutiendo en nuestras relaciones. Esto es solo un ejemplo de por qué terminamos como adultos que se mueven por la vida arrastrando traumas y que terminan en el psicólogo cuando los que tendrían que haber ido al psicólogo son los demás.

Avancemos aún más. María se siente fatal porque nadie la acepta, entonces, como por arte de magia, aparece un caballero de brillante armadura en su caballo blanco que le presta atención y ella no duda un instante en aferrarse a él porque siente que por fin puede llenar su vacío. Ahora su medidor de autoestima sube hasta el infinito, está feliz porque alguien la ha elegido. El problema es que inmediatamente se instala en ella un miedo atroz a perder lo único que valida su identidad. María comienza a darle prioridad a su pareja sobre todas las cosas. Por eso, cuando este príncipe azul comienza a desteñir, María cede, se diluye y se pierde con tal de no perder su vínculo afectivo con la vocecita interna diciéndole eso de «sin él no eres nada».

> **Tu historia tiene especial relevancia en tus vínculos en forma de sensaciones, pensamientos y emociones. No obstante, aunque influye, no determina. Sigues teniendo una gran capacidad de elección comportamental.**

¿Alguna vez te has parado a pensar en cómo te hablas?, ¿cómo es tu vocecita interna?, ¿qué piensas cuándo te miras al espejo?, ¿qué cosas te dices cuando algo te sale bien?, ¿y cuando te sale mal? Cuando digo que somos el eco de nuestra historia es porque una parte de ese eco tiene la voz de todas las personas que te han hablado antes. Como si fuera nuestra seña identitaria. Por ejemplo, si de pequeño te han ido repitiendo sistemáticamente que eres muy exagerado, que siempre estás montando dramas y que eres una persona demasiado intensa, lo vas a interiorizar y luego, ya de adulto, tendrás muchas dificultades en expresar tus sentimientos porque llevas dentro un Pepito Grillo cojonero especialista en sabotearte y tratarte como el culo. ¿Te gustaría saber por qué ocurre esto? Vamos a tratar de averiguarlo.

FIGURITAS DE BARRO

Desde el momento en el que vienes al mundo tu comportamiento comienza a desarrollarse y el contexto comienza a moldearte para definirte. Realmente esto ocurre incluso antes de nacer. Debido a la socialización de género te pintan la habitación de rosa o azul, te eligen la ropita adecuada y deciden si te van a perforar las orejas para ponerte pendientes. ¿Conoces el típico torno donde alguien pone un trozo de barro y lo empieza a moldear con sus manos? Pues eso eres tú, y cual pedacito de barro, tu historia te ha ido dando forma.

Nuestras figuras de apego (las personas que nos han criado) y los sucesos que hemos vivido en la infancia y adolescencia son la base de nuestro desarrollo. Es lógico que, dependiendo de lo que estas figuras de apego nos hayan transmitido y las vivencias que hayamos tenido, sintamos que hemos vivido una infancia más o menos feliz.

Puede que hayamos experimentado dinámicas de sobreprotección o quizás de exploración, y que algunas estén basadas en el refuerzo positivo y otras en el castigo, siendo tremendamente punitivas. Puede que unas estuvieran llenas de cariño y otras de aislamiento emocional. La diferencia es que unas aportan infancias de alegría y otras de culpa y vergüenza, que ya de adultos nos sitúan en contextos de flexibilidad frente a otros contextos de rigidez y exigencia.

Es evidente que habrá diferencias en nuestra vida adulta dependiendo de si nuestra niñez ha estado llenita de cuidados o plagada de abusos. **Dependiendo de si la relación con los cuidadores ha sido de validación o de invalidación emocional, podremos comprender si nuestra infancia fue un lugar seguro o no.** Y absolutamente todo esto te va dando forma. Adivina qué tipo de figurita de barro forma cada una de estas infancias.

Por eso es importante que puedas revisar tu historia, porque si sientes que las cosas ahora mismo no van muy bien, que hay emociones que no eres capaz de expresar, que te quieres regulinchis y que la vida te resulta abrumadora, puedes encontrar allí algunas respuestas.

Imagina que tú quieres ser un precioso caballito de mar, pero lo que el torno ha moldeado es ahora mismo un amasijo un tanto caótico. Es decir, en el presente hay un sinfín de situaciones que te generan ansiedad, culpa, vergüenza, tristeza, miedo o cualquier otra emoción porque tu presente está relacionado con muchas cosas que fueron ocurriendo en tu historia, sin que hayas tenido realmente capacidad de elección.

Vuelve por un momento a tu infancia y a tu adolescencia. ¿Tienes la sensación de que te dijeron lo que tenías que pensar, cómo debías sentirte y qué emociones inhibir porque molestaban, además de lo que supuestamente era adecuado para ti, imponiéndote que fueras bueno o buena, complaciente y que no molestaras demasiado? Burrhus Frederic Skinner, uno de los psicólogos más importantes de la historia, explicó que solo cuando el mundo privado (pensar y sentir) de una persona se convierte en importante para los demás, adquiere importancia para esa persona. **Es decir, si te dijeron que eso que piensas y sientes no era importante, para ti no será importante en el presente.** Imagina el destrozo que nos causa de adultos la invalidación emocional.

Volviendo a la metáfora de las figuritas de barro, si tus pensamientos y sentimientos han sido tenidos en cuenta, es probable que te hayan ayudado a moldearte unas alas superbonitas para que puedas volar; de lo contrario, es probable que más bien te las hayan cortado para que no puedas despegarte del suelo. Por eso es tan importante que examines cómo ha sido tu historia.

Para que puedas hacerlo, te propongo una serie de preguntas que te ayudarán a reflexionar, así podremos avanzar un poco más. Si quieres puedes escribir las respuestas en un papel.

- ¿Qué momentos agradables y felices atesoras de tu infancia?
- ¿Qué recuerdos tristes guardas en tu memoria?
- ¿Qué te decían cuando te sentías triste y llorabas?
- ¿Qué sucedía cuando te enfadabas por algo?

- ¿Cómo actuaba tu entorno cuando había situaciones que te generaban vergüenza?
- ¿Cómo actuaban tus padres si te negabas a dar un beso a tu tía abuela cuando no te apetecía?
- ¿Cómo expresaban el hecho de que tenías que portarte bien?
- ¿Qué sucedía si te portabas «mal»?
- ¿Cómo te relacionabas con los demás en tu adolescencia?
- ¿De qué manera crees que has aprendido a percibir el mundo?
- ¿Qué te han enseñado sobre el amor y las relaciones de pareja?
- ¿Qué recuerdas de tus primeras relaciones afectivas o de pareja?
- ¿Cómo fue tu iniciación a la sexualidad?

Antes de seguir, me gustaría dejar claro que todo esto que estás leyendo no tiene la intención de culpabilizar a nadie. Por supuesto que existen crianzas negligentes de abuso, maltrato, rechazo, abandono y padres que no quieren a sus hijos. Ya he dicho que creo firmemente que, en general, los padres solo intentan hacerlo lo mejor que pueden con lo que saben y los recursos que tienen. Los padres anhelan proteger a las personas que más quieren y que perciben como vulnerables frente a emociones como la tristeza y el miedo, frente al sufrimiento y frente a un mundo que es realmente complicado y peligroso. Mi intención sigue siendo que puedas examinar tu historia y recorrido vital con el objetivo de comprenderte, aceptarte, validarte y quererte.

Dicho esto, me gustaría destacar que todo lo que nos han ido enseñando desde pequeños es lo que va dando forma a nuestro presente. **Intentamos hacerlo lo mejor que podemos con lo que tenemos,** pero las etiquetas que nos ponen marcan y, por ejemplo, si nos han dicho que somos muy tímidos, cuando tengamos que desenvolvernos en un contexto social novedoso, esa será la etiqueta que tomará el control; es como algo automático, como si llevaras un tatuaje. A continuación, te mostraré qué implicaciones puede tener esto en tu presente.

¿QUÉ TATUAJES LLEVAS?

Los recuerdos son el vehículo con el que nos movemos por la montaña rusa que es la vida. Son como esas instantáneas que nos conectan con olores, sabores y colores impregnados de alegría o no, dependiendo del caso. Cuando estamos arriba, es probable que los recuerdos nos trasladen a un atardecer en verano mientras suena tu canción favorita. Sin embargo, cuando estamos en bajada puede que nos conecten con el dolor, el sufrimiento, el trauma y la injusticia, o a un tiempo impregnado de una gris melancolía.

Existen recuerdos que provienen de una memoria consciente y elegida. Otros, sin embargo, entran sin que lo hayamos permitido. **Las experiencias negativas van horadando nuestra vida con el paso del tiempo como hacen las olas del mar en la roca y, sin quererlo, terminamos convirtiendo esa historia gris en una especie de dios que juzga nuestra vida.**

Es importante reconocer estos tatuajes no elegidos porque distorsionan la percepción que tienes sobre ti. ¿Alguna vez te pasa que te cuesta distinguir si lo que quieres es porque realmente lo quieres tú o porque es lo que te han «obligado» a elegir? Veamos algunos ejemplos para que quede más claro.

Javi

Javi me cuenta que cuando era pequeño escuchaba decir a sus padres que los niños no lloran y que tenía que ser fuerte, de manera que ahora no expresa bien sus emociones porque considera que es de débiles. Esto genera problemas en sus relaciones afectivas y sus parejas suelen reclamarle su dificultad a la hora de expresar sus emociones.

Sara

A Sara, de pequeña le decían que si lloraba su mamá se pondría triste, por lo que su vida gira en torno a guardar la tristeza en un cajón, a no procesar las cosas y a tirar para adelante con todo porque no quiere generarle problemas a nadie. Esto provoca que termine aislándose de los demás para no suponer una carga.

Fernando

Fernando recuerda que de niño le apasionaba la fantasía. Sin embargo, sus padres le decían de manera autoritaria que tenía la cabeza llena de pájaros y que eso eran chorradas, así que le apuntaron al conservatorio porque era su obligación. Ese ambiente emocionalmente invalidante no le permitió expresar ni sus deseos ni lo que sentía. En el presente su vocabulario emocional se limita al «estoy bien», «estoy mal» y «no sé lo que quiero».

Laura

Laura recuerda como sus padres estaban todo el día discutiendo y apenas le prestaban atención. Tampoco jugaban mucho con ella. Tras varios años de guerra, sus padres se separaron, pero la utilizaban como arma entre ellos. Hoy tiene pánico a que su pareja la deje para no volver a vivir el infierno de una ruptura.

Pedro

Pedro tuvo que esforzarse mucho para sacar tan buenas notas como sus primos y obtener la aprobación de la familia, además de estudiar Derecho, como su padre. Hoy vive inmerso en una constante ansiedad para que todo salga perfecto y no fracasar, lo que le impide disfrutar de la vida al ser incapaz de desconectar.

María

La madre de María quería que su hija no sufriera, así que intentaba protegerla a toda costa. Como consecuencia, aprendió que sola no puede hacer nada y busca a su madre en todo momento, incapaz de avanzar sola. María necesita que los demás validen lo que siente y hace porque, si no, no es capaz de tomar una decisión.

Fran

A Fran de pequeño le encantaba disfrazarse y solía salir por el barrio disfrazado porque sentía que podía vivir mil y una aventuras. Su padre, un hombre recto de los de antes, temía mucho al qué dirán y pensaba que se burlarían de su hijo, y, por consecuencia, de él mismo, de manera que desaprobaba este comportamiento diciéndole que dejara de hacer el ridículo. Hoy es la emoción de la vergüenza quien tiene el control de la vida de Fran.

Elena

Elena recuerda el infierno que pasó en el instituto al ser víctima de abuso escolar. Hoy es incapaz de decir a sus amigas que algo no le gusta y termina siempre cediendo porque tiene pánico a ser rechazada. Siente que las demás personas llevan el rumbo de su vida y no sabe muy bien cómo escucharse y priorizarse.

Lorena

Lorena recuerda con mucha nitidez el verano en el que con 14 años unos chavales de su pueblo abusaron de ella en las fiestas. Desde ese fatídico día es incapaz de intimar con un chico. Siente mucha ansiedad, se tensa y lo evita. Siente que no es capaz de soltarse para poder disfrutar de la intimidad con alguien.

Tus procesos de aprendizaje y sistema psicológico funcionan por adición. Por lo tanto, tu historia de aprendizaje se va haciendo cada vez más y más compleja. Mientras vas viviendo como buenamente puedes, vas tejiendo y ampliando una red de relaciones estimulantes sin que te des cuenta, ya que es algo automático y que no depende de ti.

Esa red es el conjunto de las relaciones entre estímulos, eventos y claves contextuales y consecuencias que has ido aprendiendo hasta hoy. Cualquier cosa puede ser relacionada con otra y entrar dentro de esa red y ampliarla. Y del mismo modo que no se te puede quitar un trocito de cerebro para eliminar un recuerdo (está feo y duele) o borrarte esa cicatriz que te hiciste de pequeño, no se puede eliminar ningún elemento de esa red una vez que se ha creado.

En esencia, podemos añadir, pero no eliminar. Por eso no se pueden eliminar esos pensamientos mal llamados negativos que tienes, ni puedes eliminar tu ansiedad a pesar de que llevas media vida luchando contra ella, y muchas veces puede que tengas la sensación de que sientes ansiedad por cosas que parece que no tienen sentido o con las que ni siquiera te identificas. El porqué de todo esto lo descubrirás más adelante.

Ahora volvamos a los tatuajes. Normalmente nos tatuamos algo que nos gusta o que tiene algún significado importante. El problema es cuando llevamos un tatuaje que no hemos elegido. Imagina que tus padres te tatuaron el nombre de su grupo de música favorito. Al haberlo visto durante toda tu vida te has habituado a él. Además, si te lo hicieron ellos pues sería por tu bien, para que te gustara esa banda. El caso es que ya de persona adulta terminas yendo a todos sus conciertos sin plantearte si realmente te gusta el grupo o si sus valores te representan. Como si conformaran tu identidad.

Esto es exactamente lo que pasa con esas frases que nos dicen de pequeños, que acaban definiéndonos y terminamos siendo: «la niña buena», «la perfecta», «el fuerte», «el malote», y es esa etiqueta la que domina tu autoconcepto (el *yo*). Lo que sucede es que, entre una gran variedad de comportamientos disponibles, seleccionas (de manera automática) el que es coherente con esa etiqueta, aun a costa de sufrir y enredarte en la vida. Es decir, acabas comportándote según el San Benito que te han colgado.

Quiero recordarte, al menos de manera simple en este primer capítulo, que una persona no es intensa, sensible, alegre o triste, sino que existen contextos y momentos según su historia de aprendizaje en los que una persona puede sentir con intensidad o mostrarse de manera sensible, alegre o triste. **Una vez que has comprendido que las etiquetas son mejor para la ropa, quiero decirte algo aún más importante: no hay nada malo en ti.**

Aunque ahora eres una persona adulta, en cierto modo sigues siendo esa niña o niño vulnerable al que quizás invalidaban emocionalmente o exigían obedecer. Como escribió Antoine de Saint-Exupéry en *El Principito*: «Todas las personas grandes han sido niños antes. (Pero pocas lo recuerdan)». Y hemos sufrido heridas profundas que nos han dejado una cicatriz que nos recuerda lo que sucedió. Puede que tu referencia hayan sido unos padres emocionalmente irresponsables, lo que no es culpa tuya. **Solo eras un niño o una niña intentando hacerlo lo mejor que podías con las pocas herramientas que tenías.** De esta manera, lo único que podías hacer era montar una rabieta para que atendieran lo que necesitabas, aunque lo que acababas obteniendo fuese un «cállate, que nos está mirando todo el mundo» e incluso un azote, sin dar cabida a tus emociones.

Toda la atención que no prestaron a tus necesidades ha acabado brotando en forma de trastorno emocional, trauma o alguna dolencia física. Y si bien no significa que en la infancia esté el origen de todos los problemas, es importante que realices este recorrido por tu historia para tomar contacto con ese contexto en el que te has ido desarrollando. Lo paradójico en la vida es que, incluso habiendo tenido la mejor infancia del mundo, con las habilidades de regulación emocional entrenadas y la más positiva de las actitudes, van a terminar sucediéndote situaciones que te pondrán en contacto con el dolor y el sufrimiento.

Es fundamental dejar claro que tu historia de aprendizaje no solo incluye tu infancia, sino que engloba todo el conjunto de experiencias que has ido viviendo a lo largo de tu vida. Desde lo que te pasó cuando tenías ocho años a lo que te hizo tu ex hace un año, es importante que reconozcas esos tatuajes, heridas, traumas o cicatrices que disparan emociones en el presente. Quiero que confíes en mí, y, aunque te duela, reconozcas que esas marcas forman parte de ti (aceptando tu historia), pero que ya no te representan porque tienes una gran capacidad de elección comportamental para dirigirte a lo que realmente te importa.

Ese miedo, esa ansiedad, esa culpa, esa vergüenza, esa tristeza y esos pensamientos que parecen nubarrones que amenazan con la peor de las tormentas vienen asociados a nuestra historia de vida y son, ahora en el presente, perfectamente manejables porque vas a aprender herramientas de regulación emocional en este libro.

En tu sistema psicológico el aprendizaje funciona agregando, no restando. Tener miedo después de una mala experiencia vital no significa que haya algo malo en ti, sino que es parte inherente de la vida. **Ese**

miedo tiene que formar parte de ti en base a tu historia y no vas a poder desprenderte de él. Es normal y válido que lo sientas, por lo tanto, es fundamental que lo integres y le des el espacio que necesita. Vamos a verlo de manera más clara:

- Es normal y válido que sientas celos en tu relación de pareja actual cuando en tu anterior relación te engañaron.
- Es normal y válido que sientas mogollón de vergüenza cuando quedas con un grupo de gente nueva, teniendo en cuenta que siempre te han ridiculizado por mostrarte tímido en algún momento.
- Es normal y válido que sientas ansiedad ante la reunión del lunes por la autoexigencia que te imponían en el instituto.
- Es normal y válido que te sientas culpable por todo cuando tenías la sensación de que cualquier cosa que hicieras mal o si te equivocabas era un drama para tus padres.
- Es normal y válido que sientas miedo a algún síntoma físico si tus padres tenían mucho miedo de que te pasara algo o si viviste situaciones de enfermedades graves en tu infancia y la consecuente preocupación de tu familia.
- Es normal y válido que te sientas triste actualmente si no estás viviendo la vida que realmente quieres.
- Es normal y válido que sientas pánico a que te deje tu pareja si en tu historia tus padres se separaron de manera traumática.
- Es normal y válido que tu cuerpo se tense al intentar tener intimidad con tu nueva pareja si en el pasado abusaron de ti.

Resulta superimportante integrar tu historia, lo que te ha sucedido, y entender que lo que sientes ahora es normal y válido. Cambiar la autoexigencia por autocompasión. **Como si abrazases a la persona que más quieres en el mundo.** Diciéndote: «esto que siento ahora está bien, aunque no me guste, y lo hice lo mejor que pude con la información que tenía, las herramientas de las que disponía y el contexto en el que estaba en ese momento». Así que por favor no seas tan injusta o injusto contigo. Te mereces cariño y respeto, no exigencia y machaque.

Recuérdalo: no hay nada malo en ti. Aunque en tu entorno te hayan dicho una y otra vez eso de que no hay que estar triste y que la ansiedad es algo que debe eliminarse, son emociones y tienen que estar ahí, aunque no te gusten. **Eres un ser humano, y eso implica sentir emociones, ya sean agradables o no.** Es necesario que aprendas a escuchar tus miedos, pues realmente tienen mucho que decirte sobre ti. Pero si te empeñas en eliminarlos, no podrás escuchar su mensaje. Aprende a ver tus emociones como una oportunidad para avanzar hacia aquellas áreas que son valiosas para ti y que tu vida pueda transcurrir por un camino consciente y elegido donde avances con tus emociones de la mano.

Para que continúes con este viaje de autodescubrimiento, quiero proponerte un ejercicio que utilizo con mis pacientes para que puedas tomar contacto con tu historia de aprendizaje. Lo he titulado «El álbum de fotos de tu vida». Desde ya te advierto que es un ejercicio que suele costar bastante, porque te voy a pedir que hagas un repaso de tu vida y eso implicará traer al presente el más bonito de tus recuerdos, pero también la más amarga de las penas.

La idea es que pienses en este viaje como si estuvieras contemplando el álbum de fotos de tu vida. Así que coge una hoja de papel, unos cuantos lápices, pinturas o cualquier tipo de material de papelería con el que te guste trabajar. También puedes hacerlo en una *tablet*, lo que tú prefieras. Acompáñate de tu bebida favorita y amenízalo con algo de música, si así lo deseas. Te recomiendo también que lo hagas en un momento en el que tengas el mínimo de distracciones posibles.

A continuación, en tu hoja, dibuja una línea muy larga (o varias, porque una tan larga no te va a caber). Esta línea representa tu viaje vital hasta el día de hoy. Así que en el inicio de esta línea vas a poner tu fecha de nacimiento como evento y en el final de la línea el presente o día de hoy.

Me gustaría que, a lo largo de esa línea, vayas anotando o dibujando esos eventos importantes, relevantes y significativos, tanto positivos como negativos, alegres y tristes, bonitos y traumáticos, inicios y despedidas, encuentros y desencuentros, que te han marcado y consideras que tienen que estar en tu línea de vida.

Puedes hacerlo en orden cronológico, retrocediendo a tu niñez y avanzando hacia tu vida adulta. También puedes ir anotando todo lo que va viniendo a tu memoria para posteriormente ordenarlo en la línea. Incluso puedes ir pegando en la hoja fotos que acompañen esas vivencias. No tienes por qué hacerlo en un día, puedes tomarte el tiempo que necesites.

Es un ejercicio emocionalmente intenso y que te va a poner en contacto con hechos probablemente dolorosos de tu vida, así que es normal que incluso quieras evitar hacerlo. Si ver de esta manera todo el sufrimiento que ha tenido tu vida te genera malestar, acéptalo como parte normal del proceso vital y del propio ejercicio. Recuerda que incluso la persona psicológicamente más sana del mundo sufre si se dan ciertas condiciones para ello. Aquí es cuando te animo a que persistas en permanecer contemplando a pesar de lo que estás sintiendo. Que esas emociones te acompañen antes, durante y después de la realización de este ejercicio.

Una vez completada la línea (hayas tardado una hora o una semana), detente un rato para contemplar el álbum de fotos de tu vida. **Tienes delante el viaje de tu vida.** Mientras la observas, puedes volver a hacerte todas las preguntas que te he ido planteando en lo que llevamos de libro. Toma contacto con todo lo que has ido viviendo, afrontando y superando. Porque déjame decirte algo, aun sin conocerte: has podido con todo lo que se te ha puesto por delante. No puedo imaginarme todo por lo que has tenido que pasar a lo largo de tu vida, así que desde ya, ¡te felicito!

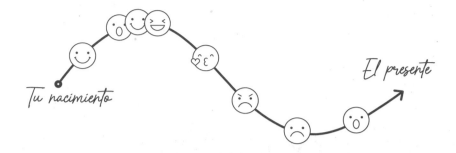

PSICOCLAVES

- La vida es un viaje único e idiosincrático en el que no hay dos personas ni dos caminos iguales. Es importante que te plantees si estás recorriendo tu propio sendero, dirigiéndote hacia lo que para ti es verdaderamente relevante o si estás en un callejón sin salida o repitiendo patrones que no son tuyos.
- El sufrimiento es parte inherente de la vida. Como si fueran las dos caras de una moneda. Disfrutar y sufrir. Alegría y tristeza. Y aunque te digan lo contrario, la vida es complicada. Así que no queda más remedio que aprender a levantarse.
- Todas las personas llevamos una mochila. Durante tu recorrido vital vas acumulando experiencias bonitas y feas. Tu mochila probablemente pesa mucho, y ha llegado el momento de aligerarla, confío que con este libro pueda ayudarte a hacerlo.
- Todo lo que piensas, sientes y haces hoy no es más que el eco de toda tu historia, que aparece en el presente en forma de pensamientos, recuerdos, reglas verbales y emociones. Pero vas a aprender a que ni te defina, ni determine, ni te impida avanzar, teniendo la oportunidad de aprender a elegir lo mejor para ti.
- Que nadie te diga cómo tienes que pensar, sentir, comportarte y vivir. La validación emocional es el proceso psicológico mediante el cual te permites sentir con autocompasión, integrando tu historia de aprendizaje en el presente y tratándote con cariño y respeto.

2

LAS EMOCIONES: TUS COMPAÑERAS DE VIAJE

«Al hombre se le puede arrebatar todo,
salvo una cosa: la libertad humana
—la libre elección de la acción personal ante las circunstancias—
para elegir el propio camino.
Y allí siempre había ocasiones para elegir.»

El hombre en busca del sentido, Viktor Frankl

Me gustaría comenzar este capítulo con un trocito de la historia de Cristina. En cuanto se sentó en la silla de mi consulta, lo primero que dijo fue:

Cristina: David, estoy muy mal.

David: ¿Qué quieres decir con «estoy muy mal»?

Cristina: No sé muy bien lo que me pasa, pero estoy fatal a nivel emocional. Es como si sintiera muchas cosas abrumadoras que me impiden sentirme bien conmigo misma, con los demás y con la vida.

David: Entiendo, tiene que ser muy complicado para ti sentir todo eso de manera tan abrumadora. ¿Podrías ponerle nombre a todo eso que sientes y decirme dónde lo sientes, como si pudieras ubicarlo dentro de ti?

Cristina: Voy a intentarlo. Es como si tuviera un gran nudo en el estómago. Bueno, es como si estuviera por todo el cuerpo. Como una bola enorme. Siempre está ahí y es muy desagradable. Y ni siquiera se va cuando hago cosas.

David: ¿Podríamos comparar ese nudo que tienes con un enorme ovillo de lana que está muy enredado dentro de ti?

Cristina: Sí, creo que así lo siento.

David: Te agradezco mucho que te hayas podido explicar porque tiene que ser difícil para ti. ¿Te parece bien si intentamos tirar del hilo del ovillo para ver qué está sucediendo con todo este enredo?

Cristina: Sí...

Así que juntos comenzamos a tirar del hilo del ovillo emocional de Cristina para poder nombrar y describir lo que estaba sintiendo y no fuera tan abrumador. De este modo, tomamos contacto con que sentía **celos** cuando su pareja iba a tomar algo con sus compañeros de trabajo, lo que derivaba en frecuentes discusiones que luego la hacían sentirse muy culpable. También sentía mucha **ansiedad**, que describía como una garra en el estómago, cuando tenía que hacerse cargo de alguna tarea que no dominaba en su trabajo, por lo que se tiraba media tarde del domingo en su casa trabajando para tenerlo todo bajo control. Además, tenía que ir a visitar a su familia casi todos los fines de semana para no sentirse **culpable,** lo que provocaba que muchas veces tuviera que renunciar a planes que le apetecían más. También me contó que se sentía muy **triste** al no tener ilusión por nada y que a menudo terminaba metida en la cama hecha una pelotita bajo la manta. Cuando hablamos de sus amistades, me contó que solía sentir mucha **vergüenza** si hablaban de algo que ella no conocía, por lo que prefería quedarse callada.

Cristina es un prototipo de cómo las personas nos relacionamos con nuestras emociones. Solemos hablar de ellas como sensaciones abrumadoras, sin ser capaces de ponerles nombre más allá de «me siento bien» o «me siento mal», con dificultades para describirlas y entender por qué aparecen y qué mensaje nos quieren dar, además de no disponer de habilidades para poder regularlas de manera que no se sitúen como una barrera en nuestra vida. Y es que a veces parece que, lejos de ser nuestras compañeras de viaje, **las emociones se posicionan como terribles enemigas a batir.** Aunque Cristina pueda ser un ejemplo con el que todos podemos identificarnos, lo cierto es que cada persona las siente e identifica de una forma muy particular.

Que cada persona sienta las emociones de una manera diferente, David H. Barlow (catedrático emérito de Psicología en la Boston University y fundador del Center for Anxiety and Related Disorders) lo llamó **vulnerabilidad biológica general,** es decir, esa parte genética que hace que ninguna persona experimente las emociones de la misma manera. Así es como nacemos. Como cuando a una persona le hacen cosquillas y ni se inmuta, pero otra las siente como si fuesen navajazos.

Barlow, en sus estudios sobre las emociones, añadió la **vulnerabilidad psicológica general,** que son todas esas experiencias que nos van sucediendo a lo largo de nuestra historia de aprendizaje (has leído sobre ella en el capítulo anterior) y que nos van poniendo en contacto con el malestar emocional. En el ejemplo de Cristina son todos los sucesos que han ido ocurriendo en su vida y que dan sentido a lo que está sintiendo en el presente. Y es que Cristina intentó hacerlo lo mejor que pudo con las herramientas de las que disponía.

Y lo que Cristina siente en el presente se llama **vulnerabilidad psicológica específica**, reaccionar a lo que sucede en su contexto actual con mecanismos de regulación emocional que se activan fruto de su historia de aprendizaje (lo que aprendió a hacer con sus emociones). Es decir, a Cristina le pasan cosas, siente emociones (ansiedad, culpa, celos, tristeza y vergüenza) y se engancha y enreda en ellas porque no le gustan.

Espera, David, ¿cómo que se engancha y se enreda? Te lo explico con este sencillo pero potentísimo esquema que fue desarrollado por el Clinik Lab (Laboratorio de Psicología Clínica de la Fundación

Universitaria Konrad Lorenz, Colombia), el Madrid Institute of Contextual Psychology (MICPSY, Madrid, España) y el Grupo de Análisis Experimental y Aplicado del Comportamiento (Universidad de Almería, España).

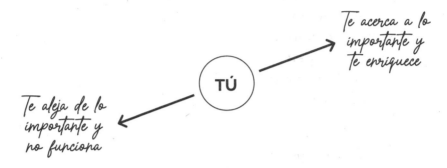

Lo que te muestro en este gráfico te va a acompañar durante todo el libro. Y es que desde que nos despertamos cada día las personas estamos haciendo cosas (incluso «no hacer nada» es hacer algo). Algunas de ellas podríamos clasificarlas como acciones que te dirigen hacia lo que realmente es importante para ti, todas esas acciones que te generan satisfacción y bienestar psicológico y que recuerdas con una sonrisa al finalizar el día, las que enriquecen tu vida e implican **«ir hacia delante»**. En cambio, otras te enredan y te mantienen enganchado. Son esas conductas que te dejan atascado en la misma situación, por ejemplo, cuando te pasas el día peleándote con sensaciones físicas, pensamientos, recuerdos, imágenes mentales, emociones, sentimientos y situaciones que no te gustan. Acciones que te alejan de la vida que realmente quieres e implican **«ir hacia atrás»**.

Lo más curioso de todo esto es que nos empeñamos en hacer lo que no funciona una y otra vez (como pelear contra pensamientos y sentimientos), aun siendo conscientes de que **cada vez sufrimos más por culpa de ello, nos alejamos de nuestros valores y sentimos que nuestra satisfacción vital es muy baja.** Por ejemplo, cuando te empeñas en luchar una y otra vez para que funcione una relación de pareja en la que estás sufriendo. Como ese hámster que se esfuerza con mucho ahínco por avanzar en su rueda pero que realmente termina exhausto sin haber avanzado nada.

> **¿No tienes la sensación de que lo que sientes te viene con muchísima intensidad?, ¿como si estuvieras en una montaña rusa?, ¿de que llevas toda la vida peleándote con lo que sientes y que, cuanto más enfrascado estás en esa lucha, más sufres y más te alejas de lo importante?**

Steven C. Hayes, psicólogo clínico y autor de más de 35 libros y más de 500 artículos científicos, llama a esto inflexibilidad psicológica. Te lo traduzco a continuación, que los psicólogos somos un poco cabroncetes poniendo nombres a las cosas.

Ya hemos hablado antes de tu carga biológica y de tu historia de aprendizaje, que probablemente han contribuido a que vivas las emociones de manera más intensa que otras personas que tienes a tu alrededor.

Puede que sientas que las cosas te afectan demasiado y te consideres una persona muy emocional, o tal vez tienes la sensación de que vives en una montaña rusa, con las subidas y bajadas muy pronunciadas, algo así como: «Cuando estoy bien estoy genial y cuando estoy abajo es horrible». También es posible que cuando sientas una emoción intensa tiendas a reaccionar de manera negativa ante esta: «esto es terrible», «no voy a poder soportarlo», «no debería sentirme así», «no puedo, no puedo, no puedo», «odio tener estas sensaciones», «no aguanto más». Es importante que sepas que, cuando verbalizas de esta manera lo que estás sintiendo (y sé que no lo haces a propósito), la intensidad de lo que sientes se dispara aún más, convirtiendo esa experiencia y los altibajos de tu vida en algo realmente abrumador.

Esto sucede porque al establecer contacto con aquellas emociones que te hacen sentir incomodidad, se genera tal malestar que solo quieres librarte de ellas (del mismo modo que intentamos librarnos del frío porque nos resulta desagradable). Así que, ante una emoción que no te gusta, pones en marcha toda una serie de **estrategias de evitación, escape, supresión, bloqueo, distracción y amortiguación emocional,** en vez de aceptar tus respuestas emocionales.

Resulta lógico pensar que si algo es aversivo o te hace sentir mal te lo quieras quitar de encima. ¿No es, de hecho, lo que te han dicho que hicieras durante toda tu vida? El problema es que, aunque creas que esto te funciona, en realidad solo sirve a corto plazo. A largo plazo terminará limitando tu vida, enredándote en acciones que te sitúan abajo a la izquierda en nuestra doble flecha del esquema.

Volvamos a la historia de Cristina. Hemos dicho que, por su historia de aprendizaje, siente mucha ansiedad cuando su pareja sale por ahí de fiesta y como no tolera sentirse así necesita estar pendiente del móvil toda la noche. Esto le funciona a corto plazo, porque alivia un poco su malestar emocional, pero la mantiene enredada y sufriendo en el largo plazo, sintiendo cada vez más ansiedad y deteriorando así su relación de pareja.

Lo que intento explicar es que cuando llevamos a cabo mecanismos para evitar nuestras emociones estamos creando un efecto búmeran. Por mucho que intentemos lanzar aquello que no nos gusta lo más lejos posible, en un rato volverá hacia nosotros (porque va a volver, está en su naturaleza) y muchas veces incluso con más fuerza.

Como le pasa a Cristina, enviarse mensajes con su pareja mientras él está por ahí con sus amigos, la alivia a corto plazo (si te metes en la cama evitas la tristeza, si no vas a ese plan con amigos evitas la ansiedad y si tu pareja te da explicaciones sobre su amiga te quedas más tranquila), **pero no es algo efectivo a largo plazo.** El callejón sin salida, la rueda de hámster, la sensación de estar perdido y de no avanzar te alejan de lo importante. La evitación experiencial, por lo tanto, se define como un patrón repetitivo e insidioso de acciones encaminadas a controlar o eliminar sentimientos, pensamientos, imágenes, recuerdos y sensaciones corporales, lo que termina por enredarte en la vida.

....

Vivir en armonía contigo no implica no sentir emociones incómodas o desagradables, sino aprender a convivir con ellas dándoles el espacio que te piden.

....

¿Puedes dedicar un rato a pensar en qué emociones no te gustan y en ejemplos de cómo las evitas o cómo intentas dejar de sentirlas? Quizás te lleves mal con la tristeza, no te sea cómodo sentir ansiedad, no soportes la vergüenza, no toleres la ira, la culpa te arrastre y termines escapando de todo lo que te pueda hacer tomar contacto con esas sensaciones.

Volviendo al esquema que vimos anteriormente, todo el esfuerzo que haces para **evitar sentir tus emociones es, probablemente, lo que más te esté complicando la vida.** Como se muestra en el dibujo, esto es lo que se ubica en la parte de abajo a la izquierda en la doble flecha y es lo que te aleja de lo que es importante para ti (la inflexibilidad psicológica).

Lo que quiero decir, y este es uno de los puntos más esenciales de este libro es **que no vas a poder librarte de las emociones.** ¡Pero espera! No lo lances por la ventana todavía. Quiero decirte que voy a aportarte las herramientas necesarias para, en lugar de tratar de escapar de ellas, aprendas a regularlas adecuadamente. La clave es que aprendas a caminar con ellas, puesto que será la manera de poder dirigirte a eso que es significativo para ti. Y las emociones, lejos de ser tus enemigas, tienen mensajes muy importantes que transmitirte, aunque a veces parezca que son una barrera en tu vida.

Me permito ahora, antes de continuar, realizar una crítica al modelo psicopatológico imperante. Los problemas psicológicos que todas las personas experimentamos en diferentes momentos de nuestra vida no son enfermedades mentales. Reducirlo todo a que se nos ha escacharrado la serotonina del cerebro o que estamos intoxicados de cortisol, no es el mejor camino para hacer cambios significativos en nuestra vida y sentirnos mejor. Tampoco ayudan todas esas etiquetas que se colocan: TOC, TAG, TLP, TCA, TBP, porque, como ya hemos visto, lo único que logran es que terminemos definiéndonos de esa manera y nos resignemos frente a la situación. Además, este patrón resulta inflexible y limitante, restringiendo una vida, la tuya, que termina careciendo de rumbo y significado.

No es necesario patologizar los problemas a los que nos enfrentamos en nuestra vida diaria. Por lo general, lo que sucede es que tenemos unas herramientas **de regulación emocional que pudieron funcionar en su día, pero que en el presente resultan ineficaces y que nos alejan de lo que es importante en la vida:** creo que a estas alturas ya sabes que vuelvo a referirme al ya famoso esquema de la doble flecha.

Los seres humanos tenemos una enorme capacidad para manejar el dolor y el sufrimiento, pero debemos aprender a tomar contacto con ello, a integrarlo en nuestra historia y a darle sentido **para que no acabe limitando nuestra vida.** Pero para poder lograr esto, primero tenemos que saber qué es una emoción.

HOLI, SOY UNA EMOCIÓN

Imagina cómo funcionarías si no tuvieras emociones como, por ejemplo, el miedo. Sin el miedo, ¿cómo sabrías que te encuentras en peligro? Piensa ahora en la ira o el enfado. Si no pudieras experimentar esas emociones, ¿cómo te darías cuenta de que alguien te está haciendo daño o que está traspasando tus límites? Sin la tristeza, ¿cómo serías consciente de las pérdidas? Si la ansiedad no existiera, ¿cómo sabrías que el evento del lunes es amenazante y retador o que ha saltado una alarma en tu vida? Sin la culpa, ¿cómo serías consciente de que has hecho daño a alguien a quien quieres? Si no experimentas la vergüenza, ¿cómo puedes saber si te estás exponiendo demasiado? O sin la emoción que nos suele resultar más agradable, la alegría, ¿cómo disfrutarías de lo que es importante para ti? Como ves, las emociones existen para transmitirte mensajes muy importantes que pueden servirte de protección.

Hasta aquí todo perfecto. El problema es que, como lamentablemente no nacemos sabiendo manejar nuestras emociones, alguien nos tiene que enseñar. ¿Y qué sucede? Pues que, generalmente, no se cuenta con un aprendizaje emocional de calidad, de manera que llegamos a la edad adulta sin saber qué nos pasa por dentro.

Ya has leído lo que sucede cuando en tu historia han castigado verbalmente tus intentos por expresar aquello que sentías y era importante, y te han impuesto cómo tenías que sentir: que es muy difícil que aprendamos a gestionar lo que sentimos. Y esto no ocurre solo en la infancia, de adultos también recibimos mensajes del tipo: «Llorar es de débiles», si eres hombre; «Tienes la regla o eres una dramática», si eres mujer; o «Eres un chulo o una creída» si hablas bien de ti. Por no hablar de las muestras de afecto, que también debemos limitar en público. Todos estos ejemplos son mecanismos que hacen que reprimamos nuestras emociones. Pero ¿hasta cuándo vamos a poder hacer eso, si en esencia somos seres emocionales? **Pretender guardarlas en un cajón para volvernos seres 100 % racionales solo hará que revienten cualquier día y que salgan por cualquier lado y ¡a ver quién recoge semejante estropicio!** (*spoiler:* el psicólogo).

Aunque los psicólogos nos esforzamos por divulgar sobre la importancia que tienen todas las emociones, la sociedad se articula en base a una regla: «Para estar bien no hay que estar mal», entendiendo el estar mal por sentir emociones como la ansiedad, la tristeza, la culpa, la vergüenza, la ira y otras tantas que nos han enseñado que son negativas. Sin embargo, como veremos en este capítulo, todo el espectro de emociones es tremendamente útil para nuestra supervivencia y el día a día, ya que, como hemos dicho, nos permiten obtener mucha información acerca de todo lo que está sucediendo a nuestro alrededor.

....
Es necesario poner nombre a nuestras emociones porque el sufrimiento aumenta si no comprendemos lo que nos sucede. Una vez que ponemos nombre a lo que sentimos, se convierte en algo que debe regularse y deja de ser algo a lo que se teme.
....

A priori puede parecer que todo el mundo sabe lo que es una emoción; sin embargo, cuando preguntas, prácticamente nadie sabe cómo definirlas. De hecho, incluso en el mundo de la psicología hay discrepancias según las diferentes escuelas o profesionales, y cada uno podría darte una definición distinta.

Yo me voy a referir a las emociones como respuestas emocionales, lo que implica que una emoción no es algo que se tiene dentro como si fuera un ente. Por lo tanto, una respuesta emocional es una interacción que se produce entre tu persona y un contexto determinado. Este contexto incluye algún tipo de estimulación externa (lo que sucede delante de ti) o interna (lo que sucede en tu interior, como un pensamiento) que es **relevante para ti en términos evolutivos o de historia de aprendizaje.** Esta respuesta incluye componentes fisiológicos (la sientes en el cuerpo), cognitivos (lo que pasa por tu cabeza), motores (lo que haces) y motivacionales (cuánto te importa), cuya función principal es dirigirte hacia una meta adaptativa que puede ser acercarte a algo importante (funciones apetitivas) o alejarte de algo potencialmente dañino (funciones aversivas).

Todo este sistema emocional es un entramado psicobiológico tremendamente rápido y automático que se ha conformado a través de miles de años de evolución. Por eso, Charles Darwin lo incluyó en sus estudios sobre selección natural mediante su obra *La expresión de las emociones en los animales y en el hombre* (1872).

No te preocupes si ahora mismo te encuentras ojiplático, porque te voy a ir desgranando este concepto poco a poco en este capítulo y en los siguientes. He intentado que esta definición recoja la complejidad que radica en todo lo que sientes y que es el motor de tu vida, pero intentando que te resulte lo más claro posible. **Quieras o no, y te guste o no, tus emociones te van a acompañar durante todo el camino vital.** ¿Y qué es lo primero que deberías hacer al descubrir que algo te acompañará durante todo el camino? Pues preguntarle cómo se llama. O, en los términos que nos ocupan: etiquetar emociones.

El etiquetado emocional es el proceso mediante el cual ponemos nombre a lo que sentimos para poder ser capaces de describirlo.

Porque parece que nos resulta más fácil explicar cómo se conduce un coche o cómo se prepara una tortilla de patatas que describir cómo nos sentimos cuando estamos tristes o tenemos ansiedad. ¿Verdad?

Esto es un indicativo del **escaso apoyo que nos ha proporcionado el ambiente en el que nos hemos desarrollado para hablar sobre las emociones,** limitando nuestro mundo emocional de tal manera que acabamos recurriendo a decir de manera simplista que nos sentimos «bien» o «mal».

Aunque a simple vista pueda no parecer gran cosa, poder describir lo que sientes es el primer paso para aprender a manejar de manera adecuada tus emociones.

Para que empieces a practicar, te propongo un ejercicio que he llamado «Etiquetado emocional». Lee los siguientes enunciados y responde qué emoción podría estar sintiendo la persona del ejemplo:

- Situación 1: haces una entrevista para optar a un trabajo que te hace mucha ilusión, pero pasan los días y no te llaman. *¿Cómo te sientes?*

  Me siento ....

- Situación 2: llevas un par de semanas organizando una fiesta para tus amigos, pero el día anterior la mayoría te dicen que no pueden ir. *¿Cómo te sientes?*

  Me siento ....

- Situación 3: acudes a una quedada con una amiga, pero cuando llegas ves que el lugar está lleno de gente desconocida que te mira de manera extraña. *¿Cómo te sientes?*

  Me siento ....

- Situación 4: la persona con la que llevas quedando dos meses desaparece sin decirte nada. *¿Cómo te sientes?*

  Me siento ....

- Situación 5: un amigo tuyo ha vuelto a llegar tarde después de que se lo has dicho muchísimas otras veces y no cambia. *¿Cómo te sientes?*

  Me siento ....

- Situación 6: llegas a casa agotado después de todo el día trabajando y sientes que todo lo que has hecho te ha salido mal. *¿Cómo te sientes?*

  Me siento ....

- Situación 7: has decidido anular un plan que no te apetecía nada y varios de tus amigos te lo echan en cara. *¿Cómo te sientes?*

  Me siento ....

- Situación 8: estás tomando algo con un grupo de amigos y ves que hablan de temas sobre los que tú no puedes aportar nada. *¿Cómo te sientes?*

  Me siento ....

- Situación 9: estás pasando un finde con tus amigos y te llega un mensaje de tu pareja en el que pone que cuando vuelvas quiere hablar contigo. *¿Cómo te sientes?*

  Me siento ....

No existen respuestas correctas e incorrectas a estas situaciones. Se trata de ver que, dependiendo de cada situación y en base a tu historia, puedes sentirte de una u otra manera. Por ejemplo, en la situación 7 hay personas que podrían sentir culpa por haber fallado a sus amigos, mientras que otras se sentirán enfadadas porque los demás no respetan su decisión. **El objetivo de este ejercicio es que comprendas que tus emociones son tuyas y que tienen un nombre.** Y que puedes empezar a cambiar el «estoy mal» o «me siento mal» por un «me siento culpable», por poner un ejemplo.

Vale, y ahora que ya sabes nombrar lo que sientes, ¿para qué sirven las emociones? Y ¿por qué es necesario que sientas aquellas que no te gustan?

QUERIDA EMOCIÓN: ¿QUÉ HACES AQUÍ?

Como ya hemos comentado anteriormente, sin las emociones en tu camino, no sabrías hacia dónde dirigirte ni de qué alejarte. A continuación, haremos un repaso de las principales emociones para que sepas cuáles son sus funciones.

Tristeza

La tristeza aparece de manera natural ante un fracaso o la pérdida de algo (un trabajo) o alguien (tu pareja) que es importante, valioso o significativo para ti. También surge cuando hay una discrepancia entre cómo te gustaría que fuera tu vida y cómo la estás viviendo realmente.

La tristeza tiene como función movilizar el sistema psicofisiológico para parar y procesar lo que está sucediendo. Por eso, cuando estás triste sientes que te falta energía y que te cuesta hacer las cosas.

También activa la rumiación, algo que nos permite analizar lo que nos ha sucedido para tomar nota de ello. Por ejemplo, ante una ruptura de pareja, nos permite evaluar los motivos que nos llevaron a esa situación para así no repetir esos patrones en el futuro.

Además, pone en marcha la función social, fundamental para poder transmitir a los demás que necesitas apoyo y cariño para volver a tu camino. Si expresas esa emoción, los demás podrán acercarse a ti de manera natural.

Ira

Sentir ira o enfado es una respuesta natural ante situaciones en las que sientes que alguien ha traspasado tus valores y te ha perjudicado de alguna manera. Por ejemplo, cuando alguien te ha mentido u ocultado algo, lo que puede considerarse muy grave por tu parte, sobre todo si uno de tus valores es la honestidad.

Su principal función es avisarte de que algo que es importante para ti, como una meta u objetivo, no está saliendo como tú querrías. La ira y todo el espectro de emociones derivadas de ella (rabia, enfado, frustración, irritación, etc.) te informan de que algo injusto te ha ocurrido, movilizando tus recursos para poner solución a eso.

También tiene la función de ayudarte **a poner límites para que esa situación no se repita en el futuro.** Junto con el miedo es la emoción que con más rapidez e intensidad aparece.

Culpa

La culpa forma parte de tu sistema de valores, sean estos elegidos por ti o impuestos a través de tu educación. Se activa cuando haces algo que va en contra de las normas y expectativas sociales, de tus reglas verbales o si has hecho algo que pueda afectar a alguien. Por ejemplo, si prometiste a una amiga que la llevarías en coche a comprarse un sofá y luego te olvidaste e hiciste otros planes.

La culpa te lleva a reparar aquello que tu sistema psicológico te indica que está mal (los «debería»), por lo que **tiene la importante función de preservar relaciones valiosas para ti y de no transgredir las normas sociales.** Esta emoción es de las que más dependen de tu historia de aprendizaje y de cómo te han tratado los demás a lo largo de la vida.

Vergüenza

Esta emoción es una de las que menos nos gustan. **Aparece cuando sentimos que estamos siendo juzgados por los demás y que nuestro autoconcepto podría perder valor ante cierta situación.** Del mismo modo que la culpa, incluye un Pepito Grillo que te dice que tu imagen se está poniendo en riesgo. Esta evaluación puede corresponder a tu cuerpo, tu personalidad o las cosas que haces. Sirve para no traspasar lo que se considera socialmente válido, aunque muchas veces está un poco escacharrada por cómo funciona la sociedad y se activa en situaciones erróneas (como cuando vas a la playa y piensas que van a evaluar si tu vientre no está plano).

Celos

Los celos surgen ante la expectativa, real o imaginaria, de perder a alguien valioso. Son una mezcla entre miedo («si me lo quitan me muero») e ira («qué hace esa lagarta hablando con el amor de mi vida»), y es por eso que se sienten con tanta intensidad.

Están impregnados de variables culturales como «los celos son una prueba de amor». **Esta emoción tiene una importante función: que no pierdas lo que para ti es fundamental en tu vida.** El problema es que muchas veces esta respuesta emocional no surge por causas reales, sino por elementos simbólicos (imaginarios) que se encuentran en tu historia (el daño que te han hecho y lo mal que lo pasaste cuando te engañaron).

Miedo

El miedo es tu sistema automático y natural de alarma, protección y supervivencia. Aunque pienses que a veces el miedo no se corresponde con la realidad, siempre se activa ante algo que se encuentra en tu historia. El miedo conforma la piedra angular del sufrimiento humano y, debido a su intensidad, terminamos haciendo lo que sea para no sentirlo, aunque eso limite nuestra vida. Recuerda que su función principal es protegerte. Por ejemplo, el miedo al abandono te protege frente a la soledad (que evolutivamente implicaba la muerte). Otros miedos son: al rechazo, al abandono, a la soledad, al fracaso, a la humillación, a no ser suficiente, al dolor y a perder el control, pero cada persona tiene los suyos.

Rencor

Aunque socialmente se nos machaca con que no se debe guardar rencor ni odiar a nadie, lo cierto es que es una emoción muy funcional. Sin el rencor volverías a acercarte una y otra vez a esa persona que te ha dañado. Gracias al rencor, recuerdas el dolor que te han ocasionado, del mismo modo que una quemadura te recuerda que no cojas la bandeja del horno con la mano. Por lo tanto, **el rencor te dice que, si quieres estar bien y avanzar, no vuelvas a permitir que esa persona entre en tu vida.** Otra emoción desagradable, juzgada e incomprendida, pero con una importante utilidad.

Ansiedad

La ansiedad es una respuesta emocional muy compleja que aparece ante la expectativa de un peligro. A pesar de ser una incomprendida, la ansiedad intenta protegerte, movilizando recursos psicofisiológicos para hacer frente a lo que tu historia, impregnada de significado, considera incontrolable, amenazante o que conecta con tus grandes miedos. A nivel físico, intenta hiperactivarte para que luches o huyas, por eso se siente tan desagradable en el cuerpo, con síntomas como el nudo que se te pone en el estómago o la taquicardia. A nivel atencional, fija toda tu atención en la fuente de la amenaza. También moviliza recursos cognitivos para que evalúes todos los escenarios posibles, pudiendo entonces prevenir un desenlace negativo o controlar una situación.

Esta emoción es uno de los principales motivos de consulta en las clínicas de psicología porque nos hace sufrir mogollón. Y no, aunque lo hayas leído por ahí, no existe una técnica supermegaultrasecreta, sencilla y mágica para controlarla o eliminarla. **Al contrario: la ansiedad, como el resto de las emociones, no está hecha para ser controlada, sino para ser escuchada, validada y atendida.**

Te lo muestro con una metáfora. Imagina que celebras un fiestón en tu casa. La normativa establece que tiene que haber un cartel en la puerta donde ponga: «Son bienvenidas todas las personas». Así que comienzan a llegar los invitados, entre los que se encuentra un invitado sucio, maloliente y muy desagradable. Obviamente no lo quieres en tu fiesta, así que te dispones a echarle a la calle, pero no puedes porque está el dichoso cartelito. Así que se te ocurre encerrarle en una habitación para que no moleste, pero logra escaparse de ella, así que le llevas a un rincón apartado y le vigilas para que no se mueva, pero a la mínima que te descuidas se escabulle mezclándose con los invitados de tu fiesta. Y vuelves a estar detrás para que no la líe. Parece que tienes que ir detrás de este maleducado para que no moleste, y aun así se te escapa y termina haciendo lo que quiere. Además, al estar constantemente persiguiéndolo no puedes prestar atención al resto de invitados ni al musicote de la fiesta. No suena muy bien, ¿verdad?, ¿no estás gastando demasiado tiempo y esfuerzo en controlarlo para que no moleste?, ¿estás realmente en tu fiesta o te la estás perdiendo? (Metáfora adaptada de Kelly Wilson y Carmen Luciano).

Y es que es igual de natural sentirla que querer echarla porque nos resulta muy desagradable. La ansiedad te está pidiendo que le hagas un poco de caso, que atiendas al mensaje que te está enviando. **La ansiedad también es una alarma que te dice que algo no funciona bien en tu vida.**

Imagina que estás tan tranquilo sentado en el sofá y de repente comienza a sonar la alarma de incendios. Y tú que estabas tan a gustito, te niegas a que ese estridente sonido te importe. Así que intentas apagarla. Toda tu atención está puesta en la alarma y en lo mucho que te está molestando. Te niegas a que suene, enfocándote en que se calle de una maldita vez. ¿Y qué vas a conseguir con eso? Pues que acabes quemándote con las llamas, porque hay un incendio ahí delante y no has atendido el mensaje que pretendía transmitirte la alarma, solo querías que se apagase.

Cualquier cosa, ya sea presente (ocurre delante de ti) o simbólica (ocurre en tu cabecita), adquiere la capacidad para volverse ansiógeno. Durante tu desarrollo vital vas sumando experiencias que tejen una red compleja de ansiedad que no hay dios que la rompa. Y es que la vida es tejedora de experiencias que no pueden ser eliminadas, por eso no sirve para nada luchar contra la ansiedad.

Alegría

Termino el repaso a las emociones con la alegría. La alegría es la emoción que te ayuda a relacionarte con los demás, porque su principal función es la vinculación. También equilibra todo tu sistema biológico. De manera que podemos decir que es una emoción agradable.

Derivadas de ella tenemos otras emociones que también se perciben como agradables como la calma, la tranquilidad, el orgullo y la ilusión, entre otras, que te transmiten información importante sobre qué valoras en la vida y en qué te gustaría invertir el tiempo del que dispones.

Si haces algo que va seguido de una consecuencia «agradable», lo más probable es que vuelvas a hacerlo (como tu actividad de ocio favorita). Estas, como todas las emociones, también están ahí para algo.

Como puedes ver, todas tus emociones tienen un papel fundamental en tu vida, todas, sin distinción, te gusten o no te gusten. **Las emociones son las mensajeras que motivan tu comportamiento y te ayudan a adaptarte a un contexto complejo y en constante cambio, comunicándote información muy valiosa** sobre tu medio interno y externo, sobre ti, sobre los demás y aquello que te rodea. Por eso, si no son atendidas, te gritarán más y más fuerte. De ahí que una parte importante de este libro se centre en que aceptes tus emociones tal y como vienen para que puedas responder a ellas y al contexto de una manera más útil y adaptativa.

Como si pudiera leerte la mente, es probable que ahora estés pensando: «Sí, David, entiendo que la ansiedad pueda ser útil en algunas circunstancias, pero yo tengo ansiedad casi todo el día y no tengo ni idea de por qué aparece ni de cuál es mi amenaza, ¡viene sin ningún motivo!». También es posible que me digas: «Está bien que la tristeza pueda servir en una ruptura para evaluar las cosas, pero ¿por qué muchas veces nos hace sentir que no queremos levantarnos de la cama? La respuesta corta (que no fácil ni sencilla) **es que depende de cómo respondes a tus emociones.**

> La clave está en cómo respondes a tus emociones
> una vez que aparecen, cómo decides relacionarte
> con ellas, si mediante estrategias de aceptación
> o iniciando la más cruenta de las batallas.

Imagina que tus emociones, al menos las que no te gustan, tienen el aspecto de un monstruo horripilante que está situado enfrente de ti y al que estás unido por una cuerda. Entre ambos hay un foso negro y profundo. Mientras el monstruo duerme, tú puedes seguir con tu vida, es como si no estuviera. Pero sin saber muy bien por qué, a veces se despierta y se hace amenazante, por lo que empiezas a tirar de la cuerda para ver si logras lanzar al monstruo al foso y librarte de él. Como no lo consigues, tiras más y más fuerte, causando los efectos contrarios a los que pretendes. El primero es que, cuanta más fuerza aplicas, más cerca parece estar el monstruo del foso y, por lo tanto, de ti, con lo que se hace más grande. El segundo es que, **cuanto más tiras de la cuerda, más tira el monstruo en oposición a tu fuerza y más cerca te encuentras del borde del abismo.** El tercero es que tu vida se limita a estar pendiente de la cuerda.

Vuelve a la página 46 y fíjate nuevamente en la doble flecha. ¿Ves el efecto que tiene intentar tirar al monstruo al foso? Lo que sucede cuando intentas luchar contra las emociones que no te gustan y pretendes controlarlas es que te enredas. Al centrar tus esfuerzos en eliminarlas, acabas perdiendo la perspectiva y haciendo que tu vida gire en torno a ellas, en lugar de acercarte a lo que es realmente importante para ti. Quizás una opción sea simplemente soltar la cuerda y ver al monstruo... (Metáfora adaptada de Steven C. Hayes).

Aunque todas las emociones son fundamentales para recorrer tu camino vital y poder desarrollarte como te gustaría, algunas veces pueden aparecer en situaciones que, *a priori*, parece que no son las adecuadas y con una intensidad tan abrumadora que da la sensación de que tampoco son muy útiles. Y aunque esto te puede generar confusión, no es problemático *per se*, porque esa respuesta emocional está en tu recorrido vital (recuerda que eres el eco de tu historia).

El problema está en cómo respondes a tus emociones una vez que aparecen. En si decides mirar al monstruo a la cara (aceptación) o agarrar la cuerda y empezar a tirar (luchar). Las personas utilizamos las más variopintas maneras de luchar contra nuestras emociones.

Cuando no nos gustan o nos aterra la simple idea de sentirlas, intentamos rehuirlas de todas formas. ¿Por qué seguimos intentando luchar infructuosamente contra el monstruo? En el siguiente apartado te hablaré de una serie de mitos relacionados con las emociones que han perpetuado nuestro *modus operandi* respecto a ellas.

MITOLOGÍA EMOCIONAL

¿Sabes qué son los mitos? Son explicaciones que buscan expresar ideas culturales acerca de aspectos relevantes para una comunidad. Transmitidos por vía oral, se mantienen inmunes al paso del tiempo y al escrutinio de la ciencia.

De la misma manera, **las emociones también están envueltas en una serie de mitos que viven en la psicología popular,** que perpetúan que haya algunas que no te gusten nada y que no las quieras en tu vida. Vamos a repasar los 5 mitos más extendidos en torno a ellas:

- **Mito 1: «Existen emociones positivas y negativas».** En realidad, como ya hemos visto, esto no es cierto, ya que las emociones no son ni buenas ni malas, sino que **cumplen una función y tienen un importante mensaje que transmitirte.** Como mucho podrías referirte a ellas como agradables o desagradables, aunque esto también puede llevar a confusión, ya que, si etiquetas las emociones de esta forma, puedes acabar enredándote al tratar de eliminar una emoción de tu vida por considerarla desagradable. Y ya vuelves a complicarte la vida otra vez.
- **Mito 2: «Existe una manera correcta de sentirse en cada situación».** Las emociones no son entes encorsetados que funcionan

de la misma manera para todas las personas. Son respuestas emocionales complejas que están impregnadas de tu historia y del significado que para ti tienen todas las claves contextuales que influyen en esa respuesta emocional. Por lo tanto, **estandarizar cómo deberíamos sentirnos no es más que una regla verbal rígida que no recoge toda la idiosincrasia que cada persona tiene.** Recuerda que tu viaje es único. Además, el «debería sentirme alegre» implica el «no debería sentirme triste», lo que puede llevarte a esforzarte por escapar o evitar una emoción, y ya tenemos nuevamente el problema.

- **Mito 3: «Las emociones negativas son el resultado de una mala actitud».** Por favor, coge esa taza con ese mensaje y tírala al contenedor de las malas ideas. A continuación, deja de seguir a ese gurú motivacional en TikTok.

Hemos dicho que las emociones no son negativas ni positivas, sino que son emociones, sin juicios de valor. Es verdad que socialmente se valora el estoicismo y la actitud positiva, y se castiga la intensidad, la sensibilidad y la expresión emocional, pero eso no implica que sea lo saludable. **Por mucha actitud que tengas, el contexto manda en cuanto a emociones se refiere.** Emociones que vas a sentir quieras o no y en una medida que no va a depender de un concepto tan vago y poco científico como la actitud.

- **Mito 4: «Dejar que los demás sepan que me siento mal es de débiles».** Esto es más falso que las promesas de tu ex. Te aseguro que las personas más fuertes e increíbles que he conocido en mi vida ha sido en terapia. En esta sociedad, la tristeza molesta, la ansiedad es enterrada bajo una montaña de psicofármacos y la culpa ha cincelado una autoimagen negativa en nosotros. **Pero los ojos más bonitos son aquellos que derraman lágrimas porque en ellos brillan todas las historias de superación que merecen ser contadas.** Y es que no existe nada más valiente que sentir, expresar y hacerse cargo de las emociones. Esta es la verdadera fortaleza. Recuerda la función social y comunicativa de lo que sientes. Si el contexto te golpea, no tienes que parecer fuerte, tienes que gritar.

- **Mito 5: «Las emociones van a durar para siempre y pueden hacerme daño».** Tus emociones son como esas olas que observas desde una playa de arena blanca, fina y suave. De esa que da gustito al pisar. Algunas son pequeñas y dan ganas de meterse para jugar con ellas, pero otras resultan muy grandes y de aspecto atemorizador. Pero todas, al llegar a la orilla, desaparecen sin provocar daño, dejando una suave espuma. Ahora imagina que quisieras meterte a luchar contra las olas; no tendría mucho sentido, ¿verdad? Solo lograrías cansarte y frustrarte. Pues eso mismo ocurre contigo y tus emociones. Al igual que las olas, las emociones van y vienen, pero no van a desaparecer por más que luches. Cambia la lucha dentro del mar por la contemplación desde la orilla y, desde esa perspectiva, comprenderás que las olas (tus sentimientos y pensamientos) no pueden hacerte daño. Pueden resultar amenazadoras y dar la sensación de que nunca van a irse, pero finalmente todas terminan disolviéndose en la arena. (Metáfora adaptada de Kelly Wilson y Carmen Luciano).

Vivir conforme a estos mitos es como echar gasolina al fuego y acabará convirtiendo lo que sientes en una experiencia abrumadora. Además, estos mitos actúan perpetuando el miedo a lo que sientes, lo que tampoco será de gran ayuda. Espero que este contexto desmitificador sobre tus emociones pueda ayudarte a que te lleves un poquito mejor con ellas. A que aprendas a aceptar lo que sientes en cada momento y te encamines hacia lo que para ti es verdaderamente importante.

EL AUTOBÚS

Imagina que eres el conductor de un autobús que solo tiene una puerta de entrada (no, no hay puerta de salida). Mientras vas por tu camino van subiendo pasajeros, que **son todos tus pensamientos, emociones, sensaciones físicas, imágenes, recuerdos y sentimientos acumulados a lo largo de tu vida.** A veces se suben algunos que presentan un aspecto realmente amenazador, portando navajas, cadenas y bates de béisbol y, como si esto fuera poco, en ocasiones se ponen agresivos y te ordenan hacia dónde debes dirigirte. La verdad es que dan mucho miedo, y, por eso, les obedeces sin rechistar y, aunque al principio parece que se calman, tienes que obedecer todas sus órdenes si no quieres que te monten un verdadero lío. De alguna manera es como si llegaras a un trato con ellos: «Yo hago todo lo que me digáis y, a cambio, os quedáis en el fondo calladitos y escondidos». Pero no siempre te hacen caso, a veces incumplen el trato y la vuelven a liar. Y entonces tú te cansas, paras el bus y te enfrentas a ellos. El problema es que ahora no solo no puedes vencerlos, sino que, además, estás detenido, no avanzas. Entonces, frustrado, arrancas de nuevo y vuelves a dejarte guiar por ellos como si solo hubiera una única dirección posible. Como consecuencia, cada vez les coges más miedo, mientras que **ellos se hacen más y más fuertes.** Llegados a este punto, aceptas tratos como: «Si no haces lo que te decimos, apareceremos y te haremos daño». «Si el sábado vas a cenar con tus compañeros del trabajo, te haremos sentir ansiedad por tener que hablar de temas que no conoces». Ante semejantes amenazas, haces lo que ellos te ordenan. Pero lo que realmente sucede es que por hacerles caso has perdido la dirección del autobús. Es decir, a mayor control de los pasajeros, menor control sobre tu vida. Para empezar a ponerle remedio a esta situación, debes entender que, a pesar de todo, ellos no giran el volante ni controlan el autobús, eso solo te corresponde a ti.

....

**«La felicidad y la libertad comienzan con
la clara comprensión de un principio: algunas
cosas están bajo nuestro control y otras no.
Solo tras haber hecho frente a esta regla**

> fundamental y haber aprendido a distinguir
> entre lo que podemos controlar y lo que no,
> serán posibles la tranquilidad interior
> y la eficacia exterior».
> —Epicteto

El ejemplo del autobús es una de las metáforas más famosas que tiene la Terapia de Aceptación y Compromiso. Ahora quiero que vuelvas unas páginas atrás a observar esa doble flecha que nos sigue acompañando. ¿Están tus pensamientos, tus emociones o miedos tomando el control e impidiéndote acercarte a donde quieres llegar?

Que aparezcan pensamientos, emociones, sensaciones, imágenes o recuerdos que no te gustan o a los que les tienes miedo, no depende de ti, pues tu historia ha ido llenando tu autobús con esos pasajeros. De hecho, la paradoja es que, cuanto más evites que aparezcan, más aumentan las probabilidades de aparición. Debes ser consciente de que el problema real no es que existan, sino volverse contra ellos, luchar y engancharse, porque eso hace que automáticamente pierdas la dirección del autobús.

No ir a una cena con tus amistades para no experimentar ansiedad tendrá como resultado alejarte de planes y personas que consideras importantes y valiosas. Y es que esta dinámica no te va a funcionar a largo plazo, solo te estanca y alimenta el miedo a esos eventos y a la propia ansiedad, manteniéndote en una constante sensación de alerta por si aparecen.

Hacer cosas o dejar de hacer cosas para que no aparezcan esos pasajeros es lo que se denomina evitación experiencial. Se trata de un patrón de conducta rígido e inflexible que pretende evitar o eliminar los pensamientos, emociones y sensaciones asociados a ciertos aspectos de tu vida. Claro que tiene sentido que no quieras experimentar aquello que te da miedo, faltaría más. Eso no es problemático. Pero sí lo es cuando te lleva en dirección contraria a tus metas y valores, manteniéndote alejado de la vida que mereces vivir. Como dijo Jean-Paul Sartre: «Sea cual fuere tu experiencia del pasado, controlas tu dirección hacia el futuro».

Seguro que ya has experimentado a lo largo de tu vida algunas de estas paradojas:

- Te metes en la cama cual pelotita para apagarte y no sentir tristeza, y paradójicamente cada día estás más triste y más lejos de tus reforzadores.
- Evitas una situación porque crees que así no experimentarás esa ansiedad y cada vez sientes más y más ansiedad ante esa situación.
- No haces ciertas cosas para no sentir vergüenza y cada vez te da más vergüenza todo y te tratas peor.
- Para no sentir celos intentas tener todo controlado en tu relación de pareja y los celos son cada vez más intensos, generando a su vez más conflictos.
- La culpa te hace ir pidiendo perdón por doquier y te sientes cada vez más y más culpable de todo, por lo que tu autoestima se resiente.
- Tratas de gestionar la ira estampando el móvil contra la pared y notas que cada vez te enfadas más rápido y con mayor intensidad, además de dejarte el sueldo en un móvil nuevo.
- Tu baja autoestima resta importancia a lo bonito que te dicen para no sentirte un creído o una creída y cada vez te cuesta más hablarte bien.

En todos estos ejemplos, que he simplificado a su mínima expresión, puedes ver que **los intentos por controlar tus respuestas emocionales no solo no funcionan, sino que agravan el sufrimiento.** Y, como resultado, te alejas de lo que es importante para ti. No querer que esos pasajeros monten en tu autobús o pretender que estén siempre callados y escondidos se denomina invalidación emocional, una conducta poco útil de la que hablaremos a continuación.

INVALIDACIÓN EMOCIONAL

¿Alguna vez le has contado a alguien algo malo que te ha pasado y te ha respondido con un «bueno, no es para tanto»? Pues esto es la invalidación emocional, o dicho de otra manera, «lo que siento no es importante».

La invalidación emocional es el proceso mediante el cual no reconoces como válido lo que estás sintiendo. Ni te gusta ni lo quieres, así que lo etiquetas como algo negativo. Te dices cosas como «no debería estar sintiendo esto», «esto es terrible y no puedo soportarlo», «voy a perder el control», reaccionando de manera negativa a tu emoción. Respuestas como estas hacen que los altibajos de tu vida emocional parezcan aún más abrumadores y que te culpabilices por estar sintiendo algo, lo que hace que te sientas aún peor. A esto se le llama el escalado de la emoción, que se da cuando la intensidad emocional va subiendo, sientes que sufres y que ese sufrimiento no tiene fin.

El escalado de la emoción implica que, cuando reaccionas de manera negativa a lo que estás sintiendo, la emoción aumenta de intensidad. Imagina que una amiga tuya te dice: «Tengo mucha ansiedad por lo que me ha hecho Roberto». Y tú le respondes: «Pues no deberías sentir esa ansiedad, lo que ha hecho es una bobada y la ansiedad es peligrosa». Con estas verbalizaciones (recuerda el poder de las palabras), el sistema psicológico de tu amiga va a percibir como amenazante lo que está sintiendo («no debería estar sintiendo esto de esta manera»). **¿Y sabes cuál es la emoción que se activa ante una amenaza? Exacto, la ansiedad.** Por lo tanto, tu amiga termina con más ansiedad todavía. Su emoción ha escalado al ser invalidada.

**En tu historia puedes haber aprendido
a priorizar lo que sienten
los demás por encima de tus
propias emociones. Y esto suele tener
un coste muy alto para ti.**

¿Recuerdas el capítulo 1 dedicado a tu historia? Esas frases que te decían cuando intentabas expresar una emoción: «los niños no lloran», «no es para tanto», «para de gritar, te está mirando todo el mundo». Te enseñaron que hay emociones negativas que no deberías sentir y que tienen que ser eliminadas o escondidas. Con este historial, ¿cómo no vas a invalidar lo que sientes si lo has heredado de la tradición cultural?

Es por esto que cuando sientes tristeza, ansiedad, culpa o celos, lo primero que te dices es: «Esto está mal, no debería sentirlo y no puedo con ello». Has interiorizado esa manera de invalidar lo que sientes. Ya forma parte de ti y te sale de manera automática. También has aprendido esa necesidad urgente de encontrarte siempre bien. Como si la tristeza molestase, como si para estar bien no se pudieran sentir ciertas emociones, como si esos sentimientos que no te gustan actuasen como una barrera para poder avanzar: «Si estoy triste no puedo salir a tomar algo con mis amigas». Has aprendido a que tus eventos privados tienen que ser controlados o eliminados.

Ya sabes que a esto lo he llamado el eco de tu historia. Vamos a verlo de manera más clara:

Si de peque te decían (tu historia)	De adulto te dirás (el eco de tu historia)	Consecuencias (cómo funcionas en el presente)
Si lloras, mamá se va a poner triste.	«Tengo que estar bien porque los demás no pueden verme mal».	Alejarse de reforzadores como planes y personas que son importantes para ti.
Si te portas mal los Reyes Magos te van a traer carbón.	«No debería enfadarme con los demás y tengo que hacerlo todo bien».	Síndrome del niño bueno o de la niña buena, incapacidad para poner límites, cumplir excesivas reglas y mucha culpa.
Como vaya yo, vas a llorar por algo.	«Esto que siento no es válido».	Guardar las emociones en el cajón y que se vuelvan aversivas.
No llores que ya eres mayor.	«Me puse a llorar como si se acabara el mundo, tengo que ser más fuerte».	Incapacidad de atender las emociones y necesidades propias.
¿Tú ves algún niño llorando como tú?	«Los demás son más válidos que yo. Lo que siento no es válido».	Baja autoestima, sensibilidad a la validación externa y no saber reconocer como válido lo que sientes.
No puedes llorar por tonterías.	«Si lo tengo todo para ser feliz no debería llorar».	Luchar constantemente contra tus emociones.
Si sigues llorando no podremos bajar al parque.	«Estoy triste, por lo que cancelo el plan y me quedaré en la cama todo el día».	Culpabilidad por sentir emociones y bajo acceso a reforzadores.
Es que siempre estás llorando por todo.	«Todo me afecta, soy una persona intensa y dramática. No me gusta cómo soy».	Pobre autoconcepto y baja autoestima. Dependencia emocional.

Probablemente no exista nada peor para una emoción que juzgarla y no querer sentirla. Porque se produce el efecto búmeran, del que te he hablado antes, que vuelve a ti e incluso se intensifica. Y esto es problemático porque **todo el espectro de emociones que sientes es adaptativo y válido.** Y no solo porque te haya sucedido un evento externo que inicia una respuesta emocional. También sucede que la naturaleza misma del lenguaje humano implica necesariamente que, tan pronto como algo se evalúa como importante (iniciar una relación de pareja), este mismo evento implicará contactar con un evento evaluado como negativo (la posibilidad de perder a la pareja y contactar con el miedo al rechazo o abandono, los celos, etc.) Ambas experiencias se encuentran conectadas como las dos caras de una moneda.

Marsha Linehan, doctora en Psicología y una mujer tremendamente importante en el estudio de las emociones a través de su Terapia Dialéctica Conductual, sostiene que las emociones cumplen principalmente tres funciones: **comunicar a los demás que algo nos sucede, darnos información sobre un evento que está sucediendo en el contexto y motivarnos a actuar.** Ninguna emoción surge sin motivo, todas ellas tienen su función y debes prestarles el espacio que te reclaman si realmente quieres aprender a regularlas. Porque si no las escuchas cada vez te gritarán más fuerte. Cambiar la relación que tienes con tus emociones comienza por validarlas. Ahora que ya has tomado consciencia sobre esto, voy a dedicar el apartado siguiente a enseñarte a validar emocionalmente aquello que estás sintiendo.

VALIDACIÓN EMOCIONAL

No es buena idea juzgarte a ti o a cualquier persona sin conocer el contexto en el que vive, su historia vital o saber la carga que lleva a cuestas. La mochila emocional que todas las personas llevamos es nuestra compañera de viaje y, nos guste o no, no podemos desprendernos de ella. Así que, o la aceptamos (validación emocional) o luchamos contra ella (invalidación emocional).

La validación emocional es el proceso mediante el cual reconoces y aceptas lo que estás sintiendo, lo integras como una parte de ti, lo vinculas con tu historia de aprendizaje y lo reconoces como válido, sin juzgarlo. Además, te acercas a la experiencia emocional con apertura. **Tomas contacto con lo que sientes tal cual se está produciendo en el aquí y el ahora, sin intentar modificar la emoción en base a «cómo debería ser».**

A su vez, implica escucharte mediante la autocompasión, con actitud observadora y la mente curiosa de un niño, diciéndote cosas como: «Teniendo en cuenta lo que me ha sucedido, es normal que sienta esto que estoy sintiendo, así que voy a aceptarlo y a tomar contacto con mi experiencia emocional mientras intento dirigir mis acciones de manera flexible hacia lo que verdaderamente es importante para mí». O, traducido en un ejemplo: «Teniendo en cuenta que me han invitado a tomar algo y habrá personas que no conozco, es normal que sienta miedo al rechazo y vergüenza porque esto está en mi historia, así que simplemente voy a aceptarlo y voy a ir al plan junto con mis miedos porque socializar es importante para mí». ¿Recuerdas la imagen de la doble flecha? Hay acciones que te alejan de lo que quieres y que no funcionan, y acciones que te enriquecen y que te ayudan a dirigirte a lo importante.

> **Muchas veces intentamos alterar lo que sentimos porque consideramos que no es válido, como si hubiera una especie de recetario emocional sobre cómo deberíamos sentirnos y tomarnos las cosas. Pero cada individuo es irrepetible y su mundo emocional único.**

Las personas pintamos el dolor con palabras. El lenguaje es la manera que tenemos de describir y comprender lo que estamos sintiendo.

Las emociones, por su parte, nos señalan lo que está sucediendo en cada instante. **Cuando hablas con lágrimas en los ojos, estás expresando todo lo que probablemente te has ido tragando, así que simplemente escúchate.**

Cuando sientes tanta ansiedad que parece que se te va a salir el corazón del pecho, probablemente estás expresando que estás en contacto con algo incierto, incontrolable o amenazante, así que simplemente escúchate. Cuando sientes pánico ante la posibilidad de perder a tu pareja, probablemente estás expresando el miedo al abandono, así que simplemente escúchate. Cuando la vergüenza llama a tu puerta, probablemente estás expresando el dolor de cuando no te trataban bien, así que simplemente escúchate. Cuando la culpa no te permita avanzar, probablemente estás expresando todas las vocecitas interiores que, sin ser tuyas, te castigaron y no te permitieron ser tú, así que simplemente escúchate. Como si escucharas a una persona que te importa mucho, con los brazos abiertos y un hombro mullidito para que se sienta segura.

Espero haber sido capaz de transmitirte la importancia de la validación emocional. Para concluir este epígrafe, te voy a ayudar a que empieces a ponerla en práctica con varios ejemplos. Sé que cuesta hablarse así, con una vocecita gentil que te sonará extraña y ajena en tu cabeza. Pero esto es lo mismo que le dirías a tu mejor amigo si necesitase tu ayuda porque está sufriendo.

Invalidación emocional	Validación emocional
«Soy una persona demasiado intensa y dramática».	«Me han dicho esto tantas veces que ya me lo creo. Pero no existe una escala buena o mala de sentir. Está bien sentir las cosas tal y como vienen».
«Soy demasiado sensible».	«La sensibilidad es bonita y desde luego lo que no soy es un puerro, así que está bien sentir como siento».

«Tienes que ser fuerte».	«La fuerza para el gimnasio. Con las emociones se trata de conectar con ellas, aceptarlas y darles espacio. Esta es la verdadera fortaleza».
«Deja de darle vueltas a todo».	«Esto que me pasa es importante para mí, así que es normal preocuparme o darle vueltas. Pero voy a intentar que esto no me limite».
«No puedo estar mal ni de bajón».	«Sentir no es estar mal. Así que me permito los bajones porque forman parte de mí y de ir funcionando por la vida».
«No tengo derecho a sentirme así».	«Es normal que sienta esto ahora mismo con lo que me ha ido sucediendo en la vida».
«Estoy exagerando, hay gente que está peor que yo».	«Cada persona tiene su historia y sus circunstancias y el sufrimiento no es algo que se pueda comparar. Así que, como mi sufrimiento es mío, es válido».
«Soy débil por llorar».	«Al igual que si siento alegría río, si me siento triste lloro. Y eso no me hace débil, al contrario, no existe mayor fortaleza que poder expresar lo que siento».
«Lo tengo todo para ser feliz».	«Tener muchas cosas que se supone que están socialmente bien no anula mi derecho a sentirme de esta manera, así que voy a permitirme sentir esto».

....

**Validarte emocionalmente es como transitar
un camino dirigiéndote hacia una luz que brilla
en el horizonte mientras te dejas atravesar
por la lluvia que cae, dejando que te moje
y sin luchar contra ella. Igual que
con tus emociones, permitiéndolas estar,
aunque te duelan.**

....

Para terminar, permíteme decirte que invalidarte emocionalmente no es algo que hagas a propósito; es que desde pequeños nos han enseñado a juzgar nuestras emociones y ahora nos sale de manera automática. Validarlas es dar la bienvenida y conceder espacio a lo que sientes porque eso está ahí, te guste o no. Agradables o incómodas, las emociones te acompañarán siempre vayas donde vayas, así que hazles un sitio en tu mochila y aprende a verlas como lo que en realidad son: mensajeras que señalan lo que ocurre dentro y fuera de ti para que aprendas a prestarles toda la atención que merecen.

ANÁLISIS FUNCIONAL EMOCIONAL

Una vez aprendido que no sirve de nada luchar contra las emociones y conocida la importancia de validarlas para poder avanzar en tu camino, me gustaría que leyeras con detenimiento todo este apartado, pues vas a descubrir uno de los núcleos fundamentales que tiene la regulación emocional. Lo he titulado de manera un poco técnica porque vas a adquirir una herramienta muy potente para descubrir y analizar la función completa de lo que sientes en cada momento. Con ella, podrás distinguir **cada uno de los componentes de tus respuestas emocionales para que cuando sientas una emoción compleja, intensa y abrumadora, puedas manejarla más fácilmente.**

Analizar tu respuesta emocional te ayudará también a conectar con lo que sientes, lo cual es importante porque ya hemos visto que, si no tomamos contacto con la emoción, lo que se produce es su invalidación y posterior aumento de intensidad. No hace falta que te diga que hay emociones que son como una suave melodía de piano que suena lenta y relajante; y otras que son como estar en un concierto de Rammstein en la fila 3 (te tiemblan hasta las pestañas). Pero recuerda que aquello que comprendes, por abrumador que pueda resultar, será validado y, por lo tanto, podrás regularlo mejor.

Ahora quiero que mires con atención el siguiente esquema:

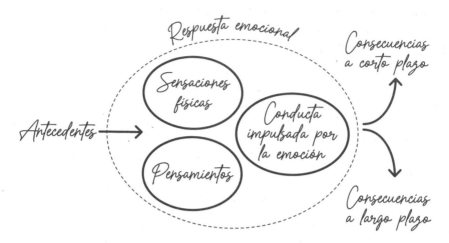

Ya sabes que estoy utilizando el término «emoción» y «respuesta emocional» de manera indistinta en este libro, pues son dos maneras de denominar el mismo concepto. En esta representación puedes ver en qué consiste y qué elementos contiene la respuesta emocional. A esto se le llama modelo de los tres componentes de las emociones y fue desarrollado por David H. Barlow, doctor en Psicología en la Boston University. Es un modelo sencillo pero muy potente que te va a permitir comprender un poco mejor cada uno de los elementos que conforman una emoción.

Antecedentes: son el conjunto de estímulos, la situación o el contexto que desencadena tu respuesta emocional de alegría, tristeza, culpa, vergüenza, ansiedad, miedo, celos, ira… Es decir, todo lo que sucede antes de que se dispare tu emoción. Pueden ser externos (algo que sucede delante de ti) o internos (un pensamiento, emoción, sentimiento, imagen, recuerdo o sensación física). Puede sonar extraño, pero una emoción también puede provocar una respuesta emocional (miedo al miedo, es decir, si no te gusta tu emoción vas a tener miedo a sentirla). Recuerda que las personas no respondemos a meros estímulos, sino a las funciones del estímulo: es decir, lo que ese estímulo significa para ti en base a tu historia de aprendizaje y el contexto actual. **El «porqué» sientes esto de esta manera se encuentra en tu historia y se imbrica con el contexto presente.** La conducta humana no sucede en el vacío ni exclusivamente dentro de una persona, sino que ocurre en interacción con un contexto histórico y actual, siendo estos interdependientes e inseparables.

Sensaciones físicas: es la respuesta de tu cuerpo cuando se produce una respuesta emocional. ¿Dónde sientes la emoción?, ¿con qué intensidad?, ¿cómo la sientes? Puede que sientas que te ahogas, o un nudo en el estómago, o el corazón a mil como si se fuera a salir del pecho. Tal vez sientes tensión, intranquilidad o nerviosismo. También puede ocurrir que de repente sientas mucho calor, enrojezca, que te marees o sientas que vas a perder el control. **Cada persona experimenta las emociones de una manera distinta en su cuerpo, así que intenta trazar un mapa corporal localizando las sensaciones, de forma detallada y concreta.** Esto te será de gran ayuda para aprender a regularlas luego.

Pensamientos: se trata del componente cognitivo de la emoción que estás sintiendo. Para contactar con ellos solo tienes que **pararte a escuchar qué te está diciendo tu cabeza** o tu dictador interno. Por lo general, cada emoción tiene su sistema de pensamientos. La ansiedad suena algo así como «¿Y si me sale mal?». La tristeza: «Mi vida es una mierda, para qué intentarlo si no voy a disfrutar». La culpa: «Si no le hubiera pedido explicaciones, no se hubiera ido de casa». La vergüenza: «Me está mirando todo el mundo y se van a dar cuenta de que he engordado». La ira: «Lo ha hecho a propósito», y el miedo: «Me voy a quedar solo».

Conducta impulsada por la emoción: lo que haces o tienes urgencia por hacer impulsado por la emoción que estás sintiendo, como si estuviera decidiendo por ti. **La conducta puede ser manifiesta o encubierta.** Manifiesta implica algo que haces a nivel visible, como tomar un ansiolítico o no ir a un evento cuando sientes ansiedad, quedarte en la cama todo el día hecho un bichitobola cuando te sientes triste, no ir a la playa porque sientes vergüenza o ir detrás de tu pareja cuando la culpa te embarga. La conducta encubierta hace referencia a algo que haces internamente y que toma la forma de rumiación (darle vueltas una y otra vez a un evento pasado o ir encadenando pensamientos) o de preocupación (intentar controlar un evento futuro incierto dándole muchas vueltas en tu cabeza).

Consecuencias a corto plazo: son la función de tu conducta, es decir, para qué haces lo que haces. En esencia (simplificando al máximo) existen dos tipos de funciones o consecuencias generales: aproximarte a algo agradable, apetitivo e importante para ti y alejarte o evitar algo desagradable, potencialmente peligroso y aversivo para ti. **El reforzamiento positivo es un proceso de aprendizaje que ocurre cuando obtienes algo apetitivo. El reforzamiento negativo es un proceso de aprendizaje que sucede cuando evitas algo aversivo.** Ambos procesos aumentan la probabilidad de que la conducta vuelva a repetirse. Por ejemplo, en una relación de dependencia emocional puedes renunciar a los planes con tus amigos (conducta impulsada por la ansiedad) para estar más tiempo con tu pareja (reforzamiento positivo). De esta forma, evitas sentir así la ansiedad que te produce la situación reduciendo al máximo las posibilidades de que te pueda engañar (reforzamiento negativo). **Las consecuencias a corto plazo son las que mantienen las conductas problemáticas: cuanto más intento controlar las cosas, más necesito ese control para vivir.** Del mismo modo, cuanto más evitas el estímulo temido (por ejemplo, la soledad), más miedo le coges a ese estímulo (la soledad se hace más terrible).

Consecuencias a largo plazo: es el impacto que tiene en tu vida aquello que haces. Aquí tienes que volver a la sempiterna doble flecha del principio del libro. Si te vuelcas en exceso en tu relación de pareja, cada vez la necesitarás más y más como regulador emocional y te alejarás del resto de áreas importantes de tu vida, con lo que te instalarás en una situación de dependencia emocional. De la misma forma que si tuviste un episodio de ataque de pánico (con todas las sensaciones físicas desagradables que produce) y evitas los entornos donde crees que puede volver a producirse, tu vida estará cada vez más restringida. Ante este tipo de situaciones, puedes preguntarte si la forma en la que estás actuando te va a ayudar a lograr lo que realmente quieres en la vida.

Vamos a ver este análisis funcional de las respuestas emocionales con un ejemplo para que puedas entenderlo mejor.

Noemí cuenta con una historia de aprendizaje en la que sus dos últimas parejas la han engañado y lo pasó fatal. Hoy tiene una nueva pareja y, si bien no hay motivos para desconfiar, el día que él tiene la cena de Navidad con sus compañeros de trabajo (antecedentes externos), ella comienza a sentirse celosa (respuesta emocional). Aunque su pareja es más sana que el brócoli, Noemí no puede hacer otra cosa que imaginarse a Marcos bailando con Silvia, su compañera del trabajo que es tan atractiva.

Sentada en el sofá, Noemí empieza a sentir de manera rápida e intensa un nudo en el estómago, una intranquilidad supermolesta, mucha tensión en la zona del cuello, un embotamiento como si su cabeza estuviera en una centrifugadora y un ardor por todo el cuerpo. Su cabeza bulle con una serie de pensamientos que pueden tomar la forma de «y si se enamora de otra», «y si bebe demasiado y pierde el control», «Silvia es más guapa que yo», «no entiendo por qué no me escribe», «¿y si me engaña?», «se lo está pasando mejor que conmigo y me va a dejar por aburrida», o «soy una tóxica por sentir esto».

El tándem de sensaciones físicas y pensamientos va escalando la emoción hasta llegar a unos niveles que Noemí ya no puede ni quiere tolerar, y lleva a cabo entonces dos conductas impulsadas por la emoción. La primera es manifiesta: escribe a Marcos para comprobar que todo va bien. La segunda es encubierta: rumiación para repasar el estado de su relación, el listado de compañeras de trabajo que tiene y preocupaciones por los escenarios catastróficos que podrían suceder.

Actuando así, Noemí obtiene varias cosas en el corto plazo (inmediatamente): que su pareja responda asegurándole que todo va bien (alivio del malestar emocional) y tener controlados (reforzamiento positivo) todos los escenarios posibles, convenciéndose tras hora y media de que su relación está bien y que su pareja no se va a ir con otra. A largo plazo, lo que sucederá será que, ante la posibilidad de que su pareja tenga un evento, la reactividad emocional será cada vez mayor, los pensamientos se harán más reales y fuertes y las sensaciones físicas se volverán intolerables, lo que a su vez aumentará las conductas de comprobación y control para librarse del malestar. Como consecuencia, Noemí se enreda en su propia vida, incapaz de disfrutar de su tiempo sola y llegando incluso a deteriorar su relación de pareja. Por supuesto, nada de esto lo hace a propósito: solo quiere dejar de sufrir.

Después de tanta teoría, ha llegado el turno de hacer tu primer análisis funcional emocional. En la siguiente gráfica puedes ver de manera resumida todo lo que acabo de contarte. Te invito a que utilices alguna situación que te haya provocado malestar emocional últimamente y que intentes realizar tu propio análisis funcional.

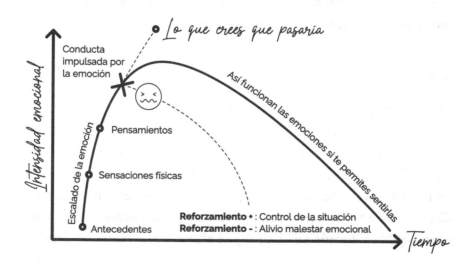

El objetivo de este ejercicio es que empieces a tomar consciencia de lo que sientes en el momento en el que lo sientes, para que aprendas a regularte emocionalmente y seas tú quien maneje la situación, no tus emociones. Nos hemos acostumbrado a vivir en piloto automático, arrastrados por las obligaciones del día a día, dejando poco o nulo espacio a la contemplación. Con este ejercicio te invito a que te tomes un tiempo cada vez que una emoción te invada para que la escuches y la analices con perspectiva.

En un mundo que se mueve a tal velocidad resulta más necesario que nunca bajarse de toda esta vorágine para, simplemente, parar un ratito y tomar contacto con lo que estás sintiendo.

John Lubbock, arqueólogo y amiguete de Darwin, dijo que lo que vemos depende principalmente de lo que buscamos. Por eso, si solo buscas evitar lo que sientes, todo lo que verás serán vías de escape emocional, lo que limitará tu vida. Así que resulta tremendamente importante aprender a parar el automatismo y estar presente. Sé que esto resulta muy difícil, pero no te preocupes: a continuación, voy a mostrarte cómo puedes aprender a hacerlo.

ICHIGO, ICHIE

Hablemos ahora de algo que me encanta, el Ichigo Ichie. Te suena a chino, ¿verdad? ¡Pues casi! Se trata de un concepto que proviene de la ceremonia del té, en Japón. Podría traducirse como «la vida entera» y «solo un encuentro» y pone de manifiesto que, mientras la persona anfitriona sirve el té con la máxima atención, los invitados deben disfrutar de este momento presente. **Y es que cada ocasión es única e irrepetible y sucede en el aquí y el ahora.** Esta expresión puede adaptarse a la vida diaria para apreciar cada ocasión como un encuentro con algo importante para ti, como si fuera el último, para poder vivirlo de manera plena.

En Japón, concretamente en Nara, hay un parque de ciervos llamado Nara Kōen. Evolutivamente hablando, los ciervos tienen pánico a la gente (lo cual no me extraña). Pero en ese parque centenario lleno de cerezos en flor, los animales interaccionan con las personas con absoluta tranquilidad. Esto sucede porque **la aproximación a los estímulos generadores de miedo disminuye la respuesta emocional de miedo, generando un nuevo contexto de curiosidad y aproximación.** Se establece así una nueva relación de este tipo: en el contexto «parque de Nara» los humanos son una fuente de reforzamiento positivo. Lo que para los ciervos era aversivo y les hacía escapar hace miles de años se ha transformado en algo apetitivo e incluso les hace aproximarse a los humanos. A diferencia de nosotros, esos ciervos solo tienen el aquí y el ahora. No dan vueltas al pasado quedándose en él ni se traen al presente un futuro catastrófico. Adaptan y flexibilizan su conducta a lo que tienen delante, respondiendo a la más valiosa de entre todas las fuentes de influencia de su comportamiento que están presentes en su historia y contexto presente, ¡la comida!

El anclaje al presente, la atención plena terapéutica o la conciencia emocional plena son procesos psicológicos basados en la autoconciencia que pueden ayudarte a permanecer ante la presencia de estímulos que no te gustan como situaciones, pensamientos, emociones y sensaciones (los que generalmente tiendes a evitar y acaban haciéndose más grandes). Si dejas de luchar contra lo que sientes y simplemente entras en contacto con ello, liberas recursos psicológicos para **redirigir la atención de manera flexible al momento presente. De esta forma, se propicia que emerjan conductas nuevas y más adaptativas para ti que puedan ser reforzantes y formen parte de tus valores.** De hecho, si observas lo que sientes de otra manera, sin juicio ni urgencia por escapar, aceptando y con cierta curiosidad, como si fueran procesos que suceden dentro de ti pero que no te definen, esos estímulos aversivos lo serán un poco menos.

> **Mira bien dentro de ti. Presta atención a todo lo que te rodea. Escucha aquello que tu emoción te está diciendo. Con la mirada tierna y compasiva de un niño. Con apertura y curiosidad. Libre de juicios y sesgos.**

Obviamente, no estoy hablando de que tengan que gustarte la tristeza o la ansiedad, a mí tampoco me gusta sentirlas por muy psicólogo que sea, sino de **disminuir poco a poco la influencia que tienen en tu comportamiento este tipo de emociones cambiando la relación que tienes con ellas.**

Si modificas la relación que tienes con una emoción como la ansiedad, puedes pasar de la actitud de «No me gusta, no la quiero y por lo tanto intento echarla», a concebirla como una oportunidad de conducta con mayor utilidad para ti: «Acepto mi ansiedad porque es válida y me dirijo junto con ella a lo que es importante para mí». De esta manera, abandonas la lucha y te aproximas a esa vida que deseas.

Y ya que este libro habla del camino, hagamos ahora un símil utilizándolo a modo de metáfora. Imagina que empiezas a caminar hacia un lugar al que siempre has querido ir, pero el sendero se encuentra lleno de piedras, que representan todas esas emociones que no te gustan. Esto lo saben muy bien los peregrinos que deciden hacer el Camino de Santiago, quienes a pesar de las piedras, agujetas, ampollas e inclemencias del tiempo siguen adelante porque tienen una dirección llamada Santiago de Compostela o Fisterra (depende a quién preguntes) hacia la que dirigirse. **Esto es aceptación, conciencia emocional plena y conducta orientada a valores.**

Sin embargo, imagina que en lugar de sortear las piedras te entretienes intentando apartarlas. A las que pesan poco, les das una patada para lanzarlas lejos. A las que pesan mucho, las apartas afanosamente fuera del sendero. Y ya cuando está despejado, intentas avanzar. Pero a la que das un par de pasos te encuentras con más piedras. Es como si nunca se terminaran. Y cuando el día llega a su fin te das cuenta de que, además de acabar agotado, por culpa de intentar quitar esas piedras, no has logrado avanzar nada.

Como si al haber piedras en el camino (emociones incómodas o desagradables) te volvieras insensible al resto de cosas que ese camino puede ofrecerte. Y esta lucha tiene el efecto del estrechamiento de tu vida, reduciendo el espacio que ocupan los ámbitos que son fundamentales para ti. Como si retirando piedras te aislaras de lo que el contexto del aquí y ahora te ofrece, olvidándote de lo importante. Te enganchas en interacciones constantes con tus eventos privados. **Te enredas verbalmente con tu pasado o el futuro.** Como si estuvieras en otro lugar y otro tiempo, insensible al aquí y al ahora y sus oportunidades. Todo lo contrario a lo que hacen los ciervos del parque de Nara.

Soy consciente de lo que cuesta tomar contacto con las cosas que te duelen, lo veo a diario en consulta a través de las maravillosas personas que tengo delante. Y es que aceptar el sufrimiento como algo a lo que aproximarse puede parecer poco apetecible, pero también es una de las opciones más flexibles (y complejas) que podemos entrenar las personas para evitar que su influencia nos arruine por completo el día. De esto va a tratar el epígrafe siguiente.

FLEXIBILIDAD PSICOLÓGICA

Ya te adelanto que aquí desarrollaré un concepto fundamental, quizás uno de los más importantes de todo el libro. Lo digo porque entrenar tu flexibilidad psicológica te permitirá disminuir la influencia que tus pensamientos y sentimientos tienen en tu vida para no quedarte enganchado a ellos y que puedas dirigirte a lo importante para ti.

Para ello, empezaremos hablando sobre la evitación experiencial, un concepto ya mencionado anteriormente. Hace unas páginas te decía que resistirse a sentir emociones desagradables no es una buena idea, que hay que validarlas y darles el espacio que reclaman. Bien, pues déjame decirte ahora que evitar algo aversivo no es malo *per se*, sino que depende del contexto. Me explico: las conductas de escape y evitación han sido conformadas por selección natural mediante un proceso evolutivo hasta llegar al presente. Las conductas de evitación pueden estar moldeadas por consecuencias o por reglas verbales: veamos unos ejemplos con los que lo vas a entender enseguida.

Si por lo que sea metes los dedos en un enchufe (no lo hagas), vas a recibir tal calambrazo que no volverás a hacerlo. Esto es una evitación moldeada por contingencias, es decir, has tocado las consecuencias (nunca mejor dicho) y aprendes a no meter los dedos en un enchufe. Pero muy probablemente hayas aprendido a no meter los dedos en el enchufe porque te lo comunicaron verbalmente. Es decir, hay en tu cabecita una regla del tipo «si meto los dedos en el enchufe entonces me va a dar calambre». A esto se le llama evitación moldeada por reglas verbales. ¿Has visto qué adaptativa puede resultar la evitación? El problema de la evitación es cuando caes en un patrón rígido e inflexible de comportamiento consistente en escapar de tus eventos privados y de las situaciones que pueden dispárártelos, lo que te enreda, no te permite avanzar, estrecha tu vida y te aleja de tus valores. **Luchando contra lo que piensas y sientes terminas pagando un coste tremendamente elevado, pues te alejas de la vida que te gustaría vivir. A esto se le llama evitación experiencial** y forma parte de la llamada inflexibilidad psicológica, término que proviene de la Terapia de Aceptación y Compromiso y que engloba una serie de procesos psicológicos que te mantienen atrapado en el sufrimiento.

La inflexibilidad psicológica engloba un conjunto de acciones que no tienen una dirección valiosa y que emanan de lo que te dice el contenido de tu

cabecita. Lo que es verdaderamente importante para ti queda postergado bajo la urgencia de eliminar tales pensamientos y sentimientos.

¿Pero por qué las personas terminamos luchando contra nuestras emociones? Parte de la respuesta la tienes en lo que has leído sobre tu historia de aprendizaje. Todas las experiencias tempranas de invalidación emocional («no estés triste», «no es para tanto») van conformando con el tiempo reglas verbales del tipo «para funcionar bien hay que estar positivo y motivado», «es necesario controlar la ansiedad para poder avanzar en la vida», «no puedo hacer nada si estoy depre» o «para poder vivir bien no hay que sentir dolor». **Esto te dirige conductualmente a intentar controlar tus eventos privados como condición necesaria para llevar una buena vida.** Como si hubiera una necesidad de actuar acuciantemente ante sentimientos, pensamientos o eventos de naturaleza aversiva: como no estás dispuesto a establecer contacto con ellos, pasas a controlarlos **cambiando su contenido o reduciendo su frecuencia, intensidad y duración.** Como si tu vida girase en torno a no sentir lo que no te gusta y te han dicho que es malo (lo que piensas y sientes). Lo que ocurre es que esto genera más problemas de los que resuelve, pues tu vida termina tremendamente limitada. Como consecuencia, todos los esfuerzos persistentes que realizas por intentar sentirte mejor, terminan, paradójicamente, haciéndote sentir mucho peor.

Y es que la conducta gobernada por reglas resulta tremendamente rígida e inflexible. Las reglas del tipo «para sentirse bien no hay que experimentar eventos desagradables», «no puedo quedar con mis amigos si estoy triste porque les amargo» o «tengo que ser fuerte y controlar la ansiedad», te ciegan y limitan tu rango de conducta al concebirlas como irrompibles. Pero que no se puedan romper no significa que no se puedan desmantelar, reduciendo así el efecto que tienen en tu vida y permitiendo que tu orientación hacia tus valores sea cada vez más directa y significativa. La clave está en **dejar de controlar lo que no puede ser controlado para redirigir esos esfuerzos hacia lo que sí depende de ti.** El control es el problema, no la solución.

¿Recuerdas las típicas películas donde el protagonista se hundía en arenas movedizas? Cuanto más luchaba y se afanaba por escapar, más se iba hundiendo. De la misma forma, lo peor que podemos hacer al sentir algo es intentar luchar contra ello. Es verdad que el instinto te insta a luchar para escapar, pero **lo único que funciona en esa situación es entrar en contacto con el fango, aunque dé mucho miedo.** Esto mismo se aplica a tus eventos privados: cuanto más luchas por librarte de ellos, más te estás hundiendo.

Es la paradoja de la evitación experiencial. **Cuanto más intentas eliminar lo que te hace sufrir, más presente está en tu vida.** Porque el hecho de no querer tener el pensamiento X, sentir la emoción Y, o enfrentar la situación Z por las sensaciones desagradables que causan en ti, automáticamente te pone en relación con X, Y y Z, haciéndolos más grandes y amenazadores. ¿Y si una solución fuera detener la batalla y entrar en contacto total con lo que llevas evitando casi toda tu vida? Vamos a ver cómo puedes entrenar esto.

En el año 2007, Kelly G. Wilson, coautor original de la Terapia de Aceptación y Compromiso (ACT), desarrolló junto a su equipo el modelo Hexaflex de flexibilidad psicológica y lo presentó en la convención anual de la Association for Contextual Behavioral Science. **Este modelo gráfico incluye seis procesos psicológicos (HEXA) sobre los que se articula la flexibilidad psicológica (FLEX),** que es lo que consideraríamos saludable en oposición a la evitación experiencial o inflexibilidad. Es una parte importante del trabajo que hacemos en consulta los psicólogos que trabajamos mediante ACT. Aquí lo tienes:

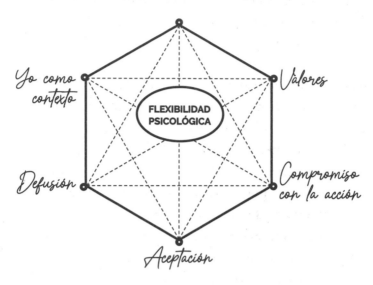

Vamos a ver en qué consisten cada uno de estos procesos psicológicos.

Atención flexible al momento presente: atender es una conducta y como tal se puede elegir, regular y entrenar. Implica centrar la atención de manera intencional, consciente y sin juicio a lo que está sucediendo en el aquí y el ahora (Ichigo, Ichie). **Y cuando la atención se te va a Rumialandia o Ysilandia, tienes la capacidad de redirigirla de manera flexible al momento presente.** Puedes entrenar tu sensibilidad a lo que está sucediendo en este preciso momento, tanto dentro como fuera de ti. También puedes darte cuenta de si te has distraído con algo o enganchado a un pensamiento, para no ser una hoja mecida por el viento que simplemente se deja llevar por la corriente. Por ejemplo, te has puesto tu serie favorita de Netflix, pero de repente te distraes viendo las historias de tu ex en Instagram (distractor), lo que te engancha a pensamientos situados en tu pasada relación (Rumialandia) y la posibilidad de que conozca a otra persona (Ysilandia). En una situación así, toma contacto con lo que está sucediendo y redirige tus cinco sentidos de manera amable hacia la serie, que en ese momento para ti es lo importante porque es lo que has elegido en el aquí y el ahora, aunque tus sensaciones incómodas tengan que estar sentadas a tu lado en el sofá intentando quitarte las palomitas.

Valores: aunque he dedicado todo un capítulo a los valores, aquí podemos definirlos como consecuencias verbalmente construidas, globalmente deseadas por la persona y que funcionan para ayudarte a determinar la dirección que tomar en la vida, influenciando tus acciones en un gran número de situaciones. **Son, por decirlo de la forma más sencilla posible, maneras de vivir. Grandes reforzadores y orientaciones de vida. Los valores están ahí cuando haces algo de manera intrínseca, no para lograr algo, sino porque es importante para ti.** Además, siempre están accesibles y actúan como una dirección hacia la que avanzar. Por ejemplo, en mi caso ser un buen psicólogo no es algo que se pueda alcanzar, pero sí es algo que me mueve para seguir aprendiendo, divulgando y dando lo mejor de mí. Escribir este libro ha sido algo realmente duro pero muy reforzante para mí porque tiene un significado trascendental en mi vida.

Compromiso con la acción: tener claros tus valores es fundamental, pero no suficiente. Es necesario también que camines en dirección a ellos. **Que tu conducta esté en coordinación con tus valores (conducta orientada a valores).** Por ejemplo, la conducta impulsada por la emoción podría ser quedarte en casa para no sentir ansiedad en la cena de tu grupo de *crossfit*. En cambio, la conducta orientada a valores sería ir a esa cena a pesar de sentir ansiedad porque para ti es importante socializar y sentir que perteneces al grupo. En la doble flecha que te presenté en las primeras páginas es lo que apunta hacia arriba y a la derecha (te acerca a lo importante / enriquece). Y aunque los valores no se pueden alcanzar, te mantienes comprometido con ellos. Y aunque la vida te saque a golpes del camino, inicias de nuevo acciones efectivas que te sitúan de nuevo rumbo a tus valores.

Aceptación: básicamente, consiste en dejar de gastar recursos psicológicos en lo que no depende de ti y/o no funciona para poder dirigirlos hacia todo lo que sí que depende de ti, te funciona y forma parte de tus áreas de valor. Es un proceso mediante el cual das espacio y tomas contacto con los eventos privados que están sucediendo, sin intentar cambiarlos ni escapar de ellos, aunque esto pueda aumentar tu malestar psicológico. **Aceptar es abandonar la lucha en las arenas movedizas y simplemente tumbarse boca arriba.** No confundir con la resignación, que sería quedarse inmóvil. Se trata de aceptar y de dar espacio a las piedras del camino para avanzar por él hacia lo relevante. De no volverse contra los pasajeros del autobús para así dirigirlo hacia la dirección que has elegido, a pesar del miedo. Porque el miedo se hace más pequeño cuando te interesas por él con curiosidad y apertura. Y no es que tus eventos privados vayan a dejar de ser negativos, sino que dejarán de tener tanto poder en tu conducta presente y en tu vida. Tu conducta estará al servicio del propósito de tu vida, no del contenido de tus pensamientos.

Defusión: se trata de ampliar la distancia psicológica respecto a tus pensamientos para no reaccionar a su significado y relacionarte con ellos como lo que realmente son, eventos privados que suceden dentro de ti, pero que no te definen. Por ejemplo, relacionarte con los pensamientos como actividad de pensar, en vez de relacionarte con su contenido. Notar que estás teniendo un pensamiento («estoy teniendo el pensamiento de que nadie me quiere») frente a ser el pensamiento («nadie me quiere»). **La fusión ocurre cuando confundimos un conjunto de palabras con la realidad y estos pensamientos actúan como barreras en tus valores.** Por ejemplo, como pienso que no soy majo y caigo mal, me fusiono con el pensamiento y este actúa como barrera cuando surge un plan con mis amigos, haciendo que me quede en casa. En contra de la corriente posmoderna, el objetivo no es pensar en positivo o cambiar los pensamientos, sino aprender a no dejarte llevar por el contenido de ellos. En el capítulo dedicado a los pensamientos aprenderás a practicar el proceso de la defusión.

Yo como contexto: ¿recuerdas cuando hablábamos de las etiquetas? Si desde pequeño te han dicho que eres una persona demasiado intensa o tímida, es normal que ese eco siga en tu cabeza a modo de Pepito Grillo, dejando que te defina. Bien, pues el yo contexto viene a ser todo lo contrario. Consiste en tratar a esa vocecita interna como una pequeña parte de ti, situando a tu «yo» como algo más grande, complejo y por encima de todo eso. Se trata de no apegarte al contenido de tus pensamientos ni de identificarte con lo que te dice tu cabeza («soy una persona demasiado dramática»), viéndolos como lo que son, simples pensamientos, no verdades categóricas y definitorias de ti. **Es la capacidad de observarse a uno mismo teniendo pensamientos sin intentar cambiarlos (el yo que se percata o se da cuenta).** En el capítulo sobre autoestima le daremos caña a este concepto y aprenderás a trabajarlo.

Estos seis procesos interrelacionados conforman la flexibilidad psicológica que podemos definir como la aceptación de los eventos privados, con apertura y sin juicio ni control, además de ser plenamente conscientes para actuar guiados por nuestros valores y poder vivir una vida con un propósito y significado, una vida que merece ser vivida. Y así el dolor (o ciertos pensamientos y sentimientos) ya no se sitúa en contra de la vida, sino como una parte intrínseca de ella. La mejor estrategia es aceptarlo y actuar en una dirección que resulte valiosa para ti. Vamos a ponerlo en práctica.

Para que esto que acabas de leer no quede en meras palabras y lo puedas aplicar a tu día a día, voy a plantearte un potente ejercicio que te ayudará a sentir tus emociones. Invocando a Syrio Forel, el maestro de esgrima de Arya Stark en la saga «Canción de Hielo y Fuego», de George R. R. Martin, que dijo: «Abrir bien los ojos para atender. El corazón miente y la mente engaña, pero los ojos ven. Mira con los ojos. Escucha con los oídos. Saborea con la boca. Huele con la nariz. Siente con la piel. Y no pienses hasta después, y así sabrás la verdad».

El objetivo de este ejercicio es que puedas entrenar eso de tumbarte boca arriba en las arenas movedizas en lugar de luchar contra ellas. **Se trata de cambiar la relación que tienes con tus eventos privados, permitiéndote sentir tus emociones,** experimentándolas de manera plena tal cual vienen (no como te gustaría que vinieran) en el presente (el aquí y ahora) y sin juicio, además de mejorar tu habilidad para redirigir tu atención de manera flexible. Es decir, aplicar mediante una práctica experiencial todo lo que has aprendido en este capítulo. A esto se le llama conciencia emocional plena. Pero primero te presento el concepto metafóricamente.

Imagina a un samurái que quiere estar un ratito consigo mismo y se sitúa de rodillas enfrente de un cuadro con un cerezo en flor y cierra los ojos para comenzar su meditación. En ese momento aparece una mosca y se posa en su nariz. ¡Qué molesta es! Así que, inquieto, saca su katana (espada samurái) y con un rápido y preciso movimiento la parte en dos. Ahora sí, vuelve a su meditación. Pero esas dos mitades de la mosca se han transformado en otras dos moscas, rollo kafkiano. Así que ahora hay dos moscas inquietas revoloteando, haciendo ruido y posándose en su nariz. De nuevo, desenvaina la katana rápidamente y las dos moscas caen al suelo, inertes. Pero antes de que el samurái pueda volver a ponerse en posición, brotan nuevas moscas, así que se inicia la lucha de nuevo. Y cuanto más hábil es con su katana, más y más moscas salen y le perturban. Hasta que la frustración toma el control y el agotamiento se hace presente. Por intentar eliminar lo que le resultaba molesto ha terminado abandonando la práctica (regla verbal: «para poder meditar bien viendo mi cerezo no puede haber moscas»). Así que cambia de estrategia y simplemente se pone de rodillas, centrado en su práctica y aceptando a las moscas que revolotean a su alrededor.

Y es aquí cuando el contexto cambia, cuando la relación del samurái con las moscas —o la tuya con tus pensamientos— pasa de la evitación a la aceptación. Esta metáfora proviene de un corto de animación llamado *The Fly & Samurai* y lo realizó Hanjin Song como trabajo de graduación (podéis verlo en YouTube).

Ahora te toca a ti convertirte —salvando las distancias— en samurái. Y es que la vida posmoderna nos abruma con tantas demandas que es más necesario que nunca aprender a parar un poco para atender de manera flexible. Elige un lugar tranquilo y sin distracciones. Siéntate en una silla, en el sofá o túmbate en la cama. Puedes ponerte música suave y encender una vela aromática que huela superbien. Incluso puedes traerte a tu gato para que te acompañe (si es que se deja). **Ahora observa la habitación en la que estás. Sus elementos y tus sensaciones respecto a esos elementos.** Puedes hacer un recorrido de lo que contiene en este preciso momento. Esto es el anclaje al presente. Eres tú, aquí y ahora. Recorre la estancia con la vista. ¿A qué huele la vela? Quizás escuches algo. Siente tus sentidos en relación con el espacio en el que estás ahora mismo. Pero sin juzgarlos. Con la mirada de un niño abierto a la curiosidad y la exploración.

A continuación, quiero que elijas un punto de anclaje. Puede ser tu respiración (que siempre te acompaña), la llama de la vela o las patitas esponjosas de tu gato. Toma contacto con ese anclaje y permanece ahí. **Irás notando que, como nubes en el cielo, aparecen sensaciones, pensamientos y emociones con diferentes formas.** Cuando notes que te aferras a un evento privado y que te vas con él, redirige tu atención de manera amable a tu punto de anclaje para que regreses al aquí y al ahora.

En este punto me gustaría que describieras tus sensaciones físicas con neutralidad y naturalidad, sin juzgar. Se trata de describir, no de evaluar. Por ejemplo, «noto como el corazón me late deprisa» en vez de «la patata se me va a salir del pecho, estoy fatal». Para ayudarte con esto puedes hacer un escaneo corporal tomando contacto y describiendo lo que sientes en tu cuerpo. Puedes hacer un recorrido comenzando por tu cara y siguiendo por el cuello, hombros y brazos, parte superior del tronco, zona abdominal, muslos, pantorrillas y pies. **Percibe cualquier sensación que ocurra en tu cuerpo sin juzgar si es buena o mala y sin tratar de cambiarla.** Esto es aceptación.

Ahora lleva tu atención a tus pensamientos. Despacio. Podrás ir notando cómo van apareciendo. Aparece uno, se queda un rato y se va. O se queda ahí de manera indeterminada. De nuevo, como las nubes. Es probable que aparezca una y te tape el sol. Incluso puede aparecer otro más. Lo importante es no reaccionar a ellos. Ni engancharte. No intentes resolverlos ni entrar en su contenido, aunque este sea aversivo para ti. **Si notas que un pensamiento te atrapa, sé consciente de ello y redirige tu atención al punto de anclaje anterior desde el que puedes volver a simplemente observar tus pensamientos.** No pasa nada si notas que te enredas en ellos continuamente y te cuesta salir, porque esto forma parte del entrenamiento. Esto es la habilidad de entender que los pensamientos no son hechos y de que el hecho de que pienses algo no lo convierte en cierto.

Por último, **dirige tu atención a tus emociones.** Nótalas, ponles nombre y observa cómo suben y bajan. Como las olas del mar tienen un inicio, una cresta y rompen en la orilla. Obsérvalas desde allí. Ya conoces la importancia de validar, y es normal que sientas tristeza si has pensado en tu ex o ansiedad al anticipar el trabajo del lunes. Pero no te dejes atrapar por ellas ni intentes resolverlas. Observa y percíbelas mientras vuelves a tu punto de anclaje en el aquí y ahora.

Ahora simplemente permanece unos 5 o 10 minutos en el aquí y ahora, totalmente conectado contigo y redirigiendo tu atención con flexibilidad. Es normal que te cueste hacer este ejercicio. Es como la primera vez que vamos al gimnasio, nos sentimos como un pato mareado y tenemos agujetas. También es normal que no te guste; al fin y al cabo, **estás permitiéndote sentir cosas que probablemente llevas media vida evitando.** Ya sabes que la práctica repetida es la que hace al maestro. Además, la conciencia emocional plena no es un objetivo que tenga que ser evaluado con notas o etiquetas del tipo «bien» y «mal». Es una manera de vivir. Un modo de practicar esta habilidad que suelo recomendar a mis pacientes es ponerse una canción que tenga carga emocional y permanecer ahí. También se puede hacer mientras das un paseo o haces la compra. ¡Cualquier oportunidad puede resultar adecuada para entrenar!

PSICOCLAVES

- Vivir en armonía contigo no implica no sentir emociones incómodas o desagradables, sino aprender a convivir con ellas dándoles el espacio que te piden.

- Los esfuerzos por controlar lo que sientes van a terminar enredándote en la vida. La aceptación implica abandonar la lucha para tomar contacto con lo que sientes. Esto te libera.

- Tus emociones son las mensajeras que te permiten motivar tu comportamiento y adaptarte a un contexto complejo y en constante cambio, comunicándote información muy valiosa.

- Las cosas no son como son, son como somos en base a nuestra historia pasada y el contexto presente. Todo lo que te rodea está impregnado de tu particular significado.

- Tomar contacto con lo que sientes implica parar para analizar cada uno de los componentes de tus respuestas emocionales, para que así puedas desplegar habilidades de regulación emocional.

- Frente a la inflexibilidad, la flexibilidad psicológica es la aceptación de los eventos privados sin pegarte a ellos ni intentar controlarlos, ampliando la distancia psicológica para dirigirte hacia tus áreas de valor en el aquí y el ahora.

3
TUS PENSAMIENTOS: ESOS DICTADORES INTERNOS

«Me duele el corazón porque pienso demasiado.»

Proverbio atribuido a una tribu de Zimbabue.

EL PROBLEMA DE SOBREPENSAR

En este capítulo hablaremos de esos compañeros inseparables que a veces amenazan con tomar el control de nuestra cabeza: los pensamientos. Para ello, empezaré contándote la historia de Sara.

Sara, de 25 años, pasó una década de su vida atrapada en un vínculo de maltrato. En esa relación perdió lo mejor que tenía: a ella misma. De los 15 a los 20 años, las personas estamos inmersas en un proceso de transición hacia la madurez adulta. Sara no. Sara vivió esa etapa tan importante en el más absoluto caos. Un caos en el que su expareja destruía su autoestima a base de martillazos con la forma de «nadie te va a querer como yo porque no vales para nada». Y nada podía hacer ella porque cuando se planteaba salir de allí, su yo conceptualizado a base de desprecio, junto con esos pensamientos que tenían la voz de Álex, gritaban «a dónde vas a ir sola si no eres nadie». El caos era un contexto habitual para ella: cuando intentaba pedirle algo, él montaba el cirio y se largaba con la frialdad que otorga la ley del hielo, dejándola en la más absoluta incertidumbre y descontrol. Y como su autoestima estaba aniquilada, la única salida disponible era darle vueltas al conflicto, a ella misma, a su relación con él, a su vida, a las posibles «soluciones», a su pasado y a un montón de futuros. **Como no podía resolver los problemas fuera (en su vínculo), intentaba resolverlos dentro (en su cabeza).** Y así permanecía, refugiada en una aparente calma que le concedía cierta sensación de control tres horas de rumia después. Luego llegaba él, con su ramo de flores y sus disculpas vacías pero cargadas de culpa hacia ella. Y ella interiorizaba el mensaje: «La culpa es mía, porque si me hubiera callado él no se hubiera ido y yo no hubiera sufrido». Y de esta manera sus pensamientos empiezan a convertirse en la verdad absoluta. Una verdad definitoria. Años después, Álex se marcha dejando una estela de moretones en el alma de Sara. Y ella, descompuesta y con una autoestima mal construida por un tipo que ya no está, intenta aprender a vivir a sus 29 años, pero no le resulta nada fácil. Cuando intenta estudiar, su cabeza grita: «No vales para nada, ni lo intentes». Cuando hace planes con sus amigos, su cabeza le dice: «Eres aburrida, nadie te va a querer». Trata de hablarse bonito, pero su cabeza solo responde con un: «Sabes que es mentira». Planea quedar con un chico, pero piensa: «No te quiere porque no eres suficiente para él». Dos años después de intentarlo, su autoestima queda definida por sus pensamientos. Sus acciones son insuficientes porque esos mismos pensamientos no la dejan avanzar. Y no sabe lo que quiere en la vida porque ni siquiera se quiere a ella misma. Finalmente deja de intentarlo todo. Salvo una cosa: pedirme ayuda…

Espero que, después de todas las páginas que has dejado atrás, hayas aprendido que no se puede dejar de pensar. **Pero lo que sí puedes hacer es aprender a cambiar la manera en la que te relacionas con tus pensamientos,** decidir cuánta atención quieres dedicarles, desmantelar la influencia que tienen en tu vida y lograr que dejen de actuar como una barrera en tus valores. *SPOILER ALERT:* Sara pudo hacerlo, así que tú también serás capaz si cuentas con las herramientas adecuadas para ello.

Los seres humanos tenemos la capacidad de teletransportarnos a cualquier lugar a la velocidad que dictan nuestros pensamientos sin movernos del sitio. Y esta habilidad única que tenemos nos trae al presente eventos dolorosos a través de procesos simbólicos de pensamiento. Mediante la rumiación, estás constantemente reformulando el pasado y trayéndolo al presente, lo cual te atrapa. Con la preocupación, generas un montón de futuros imaginados que son inciertos, incontrolables y probablemente catastróficos y los traes al presente, haciéndolos mucho más reales y terribles de lo que realmente podrían llegar a ser. **Esta hiperreflexividad está en el centro de tu sufrimiento porque hace que puedas sufrir prácticamente por cualquier cosa** (aunque sea por algo que ya no se encuentre presente o vaya a suceder en realidad). Esto te mantiene insensible a lo que el aquí y el ahora puede ofrecerte y te aleja de tus áreas de valor.

Del mismo modo que si te encontraras con ese ex con el que has tenido una relación de pareja disfuncional, tu reacción sería cambiarte de acera o salir huyendo de allí para evitar que te salude, es comparable a cuando nos viene un pensamiento sobre esa persona: es igual de natural intentar escapar de ese pensamiento (aunque la persona no se encuentre realmente presente). Es decir, el conjunto de palabras que tienen significado por tu historia y que suceden dentro de tu cabeza tienen mucha carga emocional para ti. El problema, como ya hemos visto anteriormente, es que huir no funciona porque no tienes la capacidad de elegir o controlar si un pensamiento entra o no en tu cabeza, y mucho menos de expulsarlo.

....

La conexión entre pensamiento y sufrimiento está ampliamente demostrada, de tal manera que pensar en alguien importante para ti activa las mismas regiones y funciones de tu sistema nervioso que tener a esa persona delante.

....

Esto no es problemático *per se,* lo es cuando te niegas a establecer contacto con tus experiencias privadas (pensamientos, en este caso) e inicias un conjunto de conductas encaminadas a alterar tus pensamientos o las condiciones que los generan (por ejemplo, alejándote de sitios que puedan recordarte a tu ex). Y, a veces, parece que lo logras, al menos a corto plazo, pero ya sabes que esto a largo plazo termina limitando tu vida.

El objetivo de este capítulo no es librarte de tus eventos privados dolorosos, sino de aprender a aceptarlos para comportarte de manera más congruente con tus metas presentes y valores vitales. Sería algo así como llegar a comprender que los pensamientos no son el problema (forman parte de ti y tu historia), sino que el problema es el tremendo esfuerzo que pones en tratar de librarte de ellos, lo que te impide implicarte activamente en caminar en la dirección que deseas darle a tu vida.

Antes de aprender cómo hacer esto es importante saber que, al igual que hemos visto con las emociones, todo lo relacionado con tus pensamientos está conformado por una serie de mitos que perpetúan la mala relación que tienes con ellos. ¿Quieres leer algo muy curioso sobre la mitología de tus pensamientos? Vamos allá.

MITOLOGÍA COGNITIVA

Gracias (o por desgracia, más bien) a la psicología folk o popular, tus pensamientos (o la conducta de pensar, mejor dicho) se mantienen envueltos en una serie de mitos que voy a tratar de explicar bajo el paradigma científico.

1. **¿Qué son los pensamientos?** Quiero que observes la siguiente imagen:

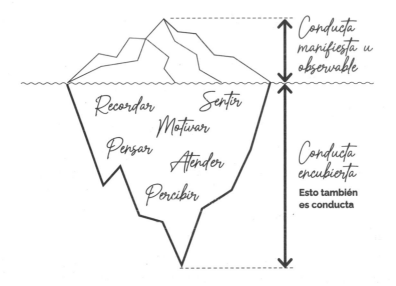

Esta es la metáfora del iceberg y me encanta para mostrar que la conducta encubierta también es conducta, aunque solo sea accesible para ti. Tanto lo que está por encima del agua (lo que haces) como lo que se encuentra por debajo del agua (lo que piensas) es iceberg. Cuando eres pequeño, todo lo que dices lo haces en voz alta y, por lo general, en dirección a tus padres. Conforme vas creciendo, sigues utilizando esa misma voz, pero para conversar contigo. **Hasta que finalmente este lenguaje se interioriza en voz baja y pasa a ser tu proceso de pensamiento.** Pensar es algo que haces y que tiene sus funciones. Suelen ser tres: acercarte a algo importante para ti («el lunes me apunto a yoga, necesito relajarme»), alejarte de alguno de tus miedos («voy a dar vueltas a lo que pasó ayer para que no se me escape nada y Hugo no me abandone») y señalarte tus reglas verbales («si me salta una bandera roja, hasta luego»). Y al igual que quedarte atrapado en el sofá todo el día (conducta manifiesta) te aleja de lo importante, dejarte atrapar por tus pensamientos (conducta encubierta) también.

2. ¿Hay pensamientos positivos y negativos? Ya has aprendido el coste que tiene en términos de invalidación juzgar tus pensamientos. Etiquetar los pensamientos como positivos, para erigirlos como adalides de la vida idílica que se supone que tenemos que alcanzar, solo obedece a la corriente consumista con la promesa de la felicidad. **Y como una especie de credo mental sentimos la necesidad de pensar positivamente para tener éxito, viéndonos forzados a cambiar nuestros pensamientos** para que algunos, los mal llamados negativos, lleguen a desaparecer, como si no tuvieran que estar ahí. Siento decirte esto, pero, aunque te resulten desagradables, tienen una importante función en base a tu historia, como si fueran su eco. Cuidado con la tiranía del pensamiento positivo. Por ejemplo: «¿y si Sergio me engaña?». Este es un pensamiento cuya función es protegerte, aunque socialmente lo etiqueten de negativo. Además, etiquetarlos solo aumenta tu mala relación con ellos y hace que termines enredándote.

3. **¿Mis pensamientos pueden hacerme daño?** No, no tienen esa capacidad. Uno de los grandes miedos que suelen tener las personas que acuden a consulta es a perder el control o a hacer todas esas cosas tan terribles que les dicen sus pensamientos. Y no, las personas no funcionamos así. **Tus pensamientos pueden resultarte desagradables, pero experimentarlos no va a hacerte daño, o provocarte una enfermedad, o hacer que enloquezcas o que pierdas el control.** Un pensamiento por sí mismo no causa una acción que pueda provocar un daño. Otra cosa es que, por no querer tener ciertos pensamientos, te refugies en acciones dañinas para ti como consumir drogas.

4. **¿Y si necesito controlarlos?** Precisamente el control es el problema. Porque justamente cuando no los quieres es cuando los tienes. Además, iniciar acciones para controlarlos activa automáticamente sus claves contextuales, lo que hará enorme a ese pensamiento. **Los esfuerzos por tratar de controlar lo que piensas son parte del problema, con lo cual se genera**

un mayor sufrimiento psicológico. Te puede funcionar un rato, pero no a largo plazo en tu vida.

5. **Si pienso algo, ¿lo voy a hacer de verdad?** No, por mucha fusión cognitiva que tengas, es decir, por mucho que te enganches a tus pensamientos, no significa que sean verdad, aunque te los creas y te identifiques con su contenido. **El hecho de que pienses algo no lo convierte en cierto. Tampoco implica que seas tus pensamientos, ¡no te definen!** En consulta hacemos ejercicios muy interesantes para trabajar la defusión cognitiva. Más adelante aprenderás alguno para que puedas poner en práctica esta habilidad y logres desengancharte de tus pensamientos.

6. **La clave es pensar en positivo.** Esto nos lo han metido hasta en la sopa. Que sí, que pensar que Jorge te quiere y no te la está pegando, ayuda. Pero... **Puedes acabar cayendo en un patrón inflexible y rígido donde pensar en positivo es lo único que puedes hacer.** La flexibilidad psicológica implica ver otras alternativas de conducta, así como no pegarte a lo que estás pensando para dirigir tu atención hacia otras fuentes de influencia de tu conducta. El problema de creer que «si pienso en positivo me sentiré mejor» es que te vas a poner a luchar contra tus pensamientos para transformarlos, enredándote y permaneciendo alejado de lo que es verdaderamente importante.

Soy consciente de que con todo lo que habrás leído en la revista de tu peluquería, escuchado a tu cuñado en la cena de Nochebuena y visto en TikTok al cantamañanas de turno, leer estos mitos te habrá sorprendido. Replanteártelos puede ayudarte a modificar la relación que tienes con todo lo que piensas y así dejar de luchar contra los pasajeros del autobús, que muchas veces se posicionan como tus enemigos íntimos. Hablaremos de ellos a continuación.

ENEMIGOS ÍNTIMOS

Puede que a veces te sientas como si estuvieras en un enorme tablero de ajedrez donde se sitúan dos equipos de piezas enfrentadas, las blancas y las negras. Puedes imaginar que tus pensamientos y sentimientos son como esas piezas. Las negras representan tus pensamientos negativos y las blancas tus pensamientos positivos. Y con esta disposición, unas piezas frente a otras, parece que se trata de elegir qué equipo queremos que gane. Tus pensamientos positivos contra los negativos. Primero montas en tu brillante y valeroso caballo blanco y te lanzas a la carga. Es la batalla definitiva para ganar a tu cabeza. Como en *El arte de la guerra*, citando a Sun Tzu. Sin embargo, esto conlleva un problema importante, y es que **estás batallando contra una parte de ti como si fueran tus propios enemigos.** Recuerda que tus pensamientos, aunque den miedo, forman parte de tu historia e intentan darte tu preciado control o protegerte frente al desastre. Y empiezas una batalla. Claro, si vas montado en el caballo blanco es lo que se supone que tienes que hacer. Y ahí dentro las piezas se vuelven enormes y toda tu energía está puesta en ganar la partida. Pero lo que obtienes es todo lo contrario de lo que pretendías: más sufrimiento. Quizás una alternativa sería bajar del caballo y simplemente permanecer en el tablero para contemplar las piezas desde otra perspectiva. E incluso alejarte del tablero para poder verlo conteniendo las piezas (otra perspectiva diferente).

La realidad es que llevas toda la vida peleándote con tu cabeza. Es lo que te han dicho que tienes que hacer. Desde el «bueno, no le des tantas vueltas, que no es para tanto» hasta la ingente cantidad de frases de taza de desayuno provenientes de la tiranía del pensamiento positivo («atraes lo que piensas»), pasando por todas las ideas erróneas sobre cómo tenemos que funcionar las personas («la felicidad es la ausencia del miedo»). **Controlar tus pensamientos para controlar tu vida es un mantra que no ha ayudado a casi nadie.** Es una regla verbal rígida («para estar bien no hay que estar mal») que sitúa a los pensamientos como enemigos íntimos del bienestar y la felicidad. Bueno, vale, si todo te va de lujo pues genial, pero no es lo habitual. Son mucho más comunes y reales las historias de vida complicadas, complejas, y que avanzan en una montaña rusa en la que sientes que tu vagón no tiene protecciones.

Tus pensamientos están ahí por tu historia de vida y **tienen diversas funciones:** el control, la protección, reducir la incertidumbre, evitar el rechazo y el abandono, la homeostasis, la alarma y la supervivencia, que son funciones vitalmente imprescindibles. Por ejemplo, si has tenido un historial de relaciones en las que te han engañado sistemáticamente, lo normal es que cuando vuelvas a conocer a alguien se activen pensamientos del tipo «¿y si me engaña?», «¿quién es su amiga Estela?» y «no soy suficiente», porque brotan para protegerte del sufrimiento de que te la vuelvan a pegar. Pero si tu nueva relación es más sana, verbalizarás esos pensamientos y serán debidamente validados.

> **Tus pensamientos son el eco de tu historia**
> **y te acompañarán en el camino.**
> **Forman parte de ti. Eso sí,**
> **ni tienen por qué ser verdad**
> **ni te definen.**

Recuerda que tu mochila emocional también está llena de pensamientos. Quizás te pueda ayudar verlo de manera gráfica.

Este es todo el torrente de pensamientos que se articulan en la cabeza de una persona con miedo al abandono. Un miedo nuclear que tal vez tú también tengas y que está en la base de una jerarquía de pensamientos. **Es la piedra angular sobre la que se articula tu sufrimiento.** Imagina que sostienes una pistola con una sola bala, por lo que solo puedes disparar a uno de todos los pensamientos que bailan en tu cabeza. ¿A qué pensamiento dispararías? ¿Cuál es el que haría caer al resto de pensamientos subordinados, como si fuera el jefazo de una banda mafiosa? Ahí tienes uno de tus grandes miedos y el núcleo de tus conductas de rumia y preocupación.

Después de identificar ese miedo nuclear y todos los pensamientos de tu mochila, puedes preguntarte qué puedes hacer para que no dominen tu vida. Ricardo Arjona, músico y cantautor, escribió en una de sus más populares canciones: «El problema es que me duele, el problema no es que mientas, el problema es que te creo». Así que vamos a ver qué implica creerte todos los pensamientos.

FUUUUUSIÓN

Para abrir este epígrafe quiero que pienses en un limón partido por la mitad. Puedes ver el color amarillo chillón, la pulpa, la piel y el jugo que se derrama. Intenta mantener ahí ese pensamiento. Ahora imagina que lo coges con la mano, lo miras detenidamente y lo chupas. ¿Qué sensaciones te ha generado? **Resulta curioso que te haya podido provocar algo teniendo en cuenta que realmente no tienes ningún limón en la mano.** Ahora haz lo mismo pensando en una tableta de chocolate con leche. Si te gusta, es probable que estos pensamientos te generen ciertas sensaciones agradables. Ahora imagina que cojo esa tableta de chocolate con leche y la echo en una batidora, como para hacer una mousse, pero le añado una buena cantidad de pescado crudo podrido, lo bato y te la ofrezco para que la pruebes. ¿Qué sensaciones tienes ahora? Antes de que tires el libro por la ventana por hacerte pensar estas cosas, voy a explicarte lo que es la fusión cognitiva.

La fusión cognitiva es la tendencia humana (no eres un bicho raro, tranquilo) a interactuar con el contenido de tus pensamientos enredándote con su significado. Es como si **cuando aparece un pensamiento cuyo contenido es relevante para ti, este pasara a controlar tu conducta, además de nublar el contexto que te rodea.** Ese contenido pasa a definirte a ti y al mundo a tu alrededor. Ocurre cuando respondes a tus pensamientos como si fueran verdades literales. Te pegas a ellos, como si te pusieras la mano delante de los ojos, tapándolos. De entre todos los estímulos a los que puedes atender, responder y dirigirte, el contenido de los pensamientos ejerce el control, como si fueran un dictador. Y lo controlan todo, tanto, que dominan sobre todas las cosas, como el anillo único de Sauron de *El Señor de los Anillos*. **Terminas tomando por verdad absoluta lo que te dice tu pensamiento, pero a un coste demasiado elevado.** El coste de quedar atrapado en el contenido de lo que piensas.

Esto no tiene por qué ser siempre problemático, sino que depende del contexto. Vuelve (otra vez, sí) a la doble flecha de la página 46.

Arriba a la derecha se sitúan conductas que te acercan a lo significativo y enriquecen tu vida, mientras que abajo a la izquierda están aquellas que te enganchan, enredan, alejan de lo importante y no funcionan. Responder literalmente al contenido de un pensamiento no es necesariamente malo, pues puede ayudarte a alejarte de lo que no te hace bien y acercarte a lo que quieres. Por ejemplo, imagina que tu ex te escribe y tu cabeza te dice «no le respondas que no va a acabar bien la cosa» y le haces caso. Genial, ¡te has evitado otro año de terapia! **Hacer caso a tus pensamientos resulta un problema cuando restringe tu conducta e impide que realices acciones encaminadas hacia tus áreas de valor (las que están arriba a la derecha).** Cuando te quedas anclado a la historia de tu cabeza y vives allí dentro (esto se sitúa abajo a la izquierda).

Porque, vale, engancharte al pensamiento del limón o la mousse de «pescolate» no es relevante para ti al no tener (espero) grandes consecuencias para tu vida. Pero fusionarte con pensamientos del tipo «nadie me va a querer», «soy un desastre», o «todo me sale mal» tiene dos consecuencias importantes. La primera es que **tu identidad se construye en base al contenido literal de estas afirmaciones.** La segunda es que, **si permaneces pegado a esos pensamientos, no avanzas hacia lo que quieres en tu vida. Es como si te pusieras una escafandra gris que lo tiñe absolutamente todo de ese color. Como si vieras la vida a través de tus pensamientos.**

> «La verdad puede estar ahí, pero las mentiras
> están dentro de su cabeza.»
> —Terry Pratchett

Grábate esto a fuego: hay mucha vida más allá de tus pensamientos. Lo peor que puedes hacer es pegarte a ellos y a su contenido, una vez que aparecen. **Es fundamental que los percibas como lo que son, un producto de tu cabeza que no tiene por qué corresponderse con la realidad.** Además, tú eres la persona que los contiene. Eres tú generando pensamientos. Tú estás aquí y tus pensamientos están por debajo o dentro de ti. Como si estuvieras viendo una película de Netflix. Puedes hacer lo que quieras mientras los contienes, ellos no tienen el poder de condicionarte, a menos que tú se lo permitas. Cuando te quitas la escafandra gris para dejarla a un lado, puedes ver la vida no a través de tus pensamientos, sino junto con ellos, teniendo la libertad para dirigirte hacia lo verdaderamente importante.

NO ERES LO QUE PIENSAS

¿Recuerdas el limón? Me gustaría que dedicaras un minuto aproximadamente a repetir en voz alta la palabra «limón»: limón, limón, limón, limón, limón… Sé que puede parecer ridículo, sobre todo si tienes gente alrededor o te escuchas a ti mismo, pero pruébalo un minuto. Si te equivocas, sigue: limón, limón, limón, limón, limón. ¿Qué ha pasado con el limón después de estar así un minuto? Probablemente, lo que hace unas páginas eran sensaciones de limón reales ahora se han transformado en un conjunto de letras sin sentido, como si el lenguaje se hubiera desliteralizado y hubiera perdido su significado. Desliteralizar es una buena manera de no pegarse a los pensamientos.

También puedes convertirte en un observador externo para aprender a desvincularte de ellos. Veámoslo con un ejemplo. Imagina que te encuentras en el escenario de un teatro interpretando el texto de tu personaje. Después, sitúate en el patio de butacas y desde ahí observa la escena desde la distancia. Desde ambas perspectivas reaccionas, pero de forma diferente: no es lo mismo hacerlo dentro del escenario que en el patio de butacas, donde tienes una visión más completa. Además, al no estar dentro de la escena puedes observar más elementos, incluidos los del teatro. Desde el escenario te fusionas con el texto (tus pensamientos), dándoles toda tu atención. Sin embargo, desde tu butaca observas la escena que se está interpretando. Pues eso mismo puedes hacer con tus pensamientos.

> **No puedes evitar tus pensamientos, pero puedes comprender que son solo un conjunto de palabras con significado que te cuentan una historia. Baja del escenario, siéntate en la butaca, toma distancia y desengánchate de la historia, convirtiéndote en un mero espectador.**

Acabas de descubrir —si no conocías antes el concepto— dos maneras de practicar la defusión cognitiva. La defusión consiste en deshacer la fusión (el enredo o enganche) que tienes con tus pensamientos en un proceso que implica entrenar la habilidad de despegarte del contenido, que está impregnado de tu historia de aprendizaje y se hace presente de manera simbólica en el ahora. **Se trata de ver los pensamientos como pensamientos, no como verdades categóricas ni definiciones de ti, siendo consciente de que eres tú observando tus procesos de pensamiento.** Esto no elimina su significado, pero sí que reduce su efecto sobre tu conducta, tu vida y tu identidad. Si te despegas de tus pensamientos y no luchas contra ellos, habilitas otras opciones de regulación emocional que se encuentran disponibles en el aquí y el ahora. **Defusión implica cambiar la relación que tienes con tus pensamientos, haciendo que estos no requieran atención inmediata y que sean menos amenazantes.** Este cambio de relación implica distanciarte psicológicamente de tu mente creando un espacio que se diferencia entre: patio de butacas – escenario. En este último es donde ocurre la escena, al que diferenciamos del patio de butacas, que es donde experimentamos los pensamientos como simples pensamientos, es decir, eventos transitorios a los que no necesitas controlar.

Ahora ya sabes que todos los pensamientos que te vienen a la cabeza no dependen de ti. Pero hay algo que sí puedes hacer: elegir no fusionarte con ellos, pues ahí es donde está el problema. Es lo que se llama el «yo-contenido», es decir, cuando tu «yo» (autoconcepto y autoestima) se define de manera limitante por esos pensamientos.

Como si te pegaras a ellos, dejándote atrapar por la literalidad de sus contenidos y actuando en base a esos pensamientos. Además, cuando te identificas con tus pensamientos, estos se viven como algo bloqueante, como una barrera enorme y amenazante que se interpone entre tú y lo que consideras valioso en tu vida, sometiéndote a lo que te dicen. Por ejemplo, pensamientos del estilo de «he engordado, soy un aburrimiento y no tengo nada interesante que decir» actúan como barrera que te impide ir con el grupo de tu amiga Claudia. Y al no ir, tu «yo» queda definido por esos pensamientos: «¿ves cómo quedándome en casa estoy mucho más tranquila?».

> **Para tus pensamientos solo existe el blanco y el negro. Nunca el gris. Como si no estuvieran permitidos los matices o el razonamiento. Muchas veces actúan como dictadores que atrapan tu atención, te dicen quién eres y te ordenan lo que tienes que hacer.**

Tú no eres tus pensamientos. Puedes comenzar a trabajar la relación que tienes con ellos entendiendo que puedes ampliar un poco la perspectiva, como en el ejemplo del teatro. **Este es el «yo-proceso», es decir, que tú eres una persona que tiene y produce pensamientos.** Puedes distinguirte a ti mismo de su contenido. Por ejemplo, si aparece en tu cabeza un pensamiento del tipo «no valgo para nada», añádele la fórmula: «yo estoy teniendo el pensamiento de que no valgo para nada». Así podrás verlo como un proceso psicológico que haces, no como algo que te define. Tú eres la persona que piensa, pero no tus pensamientos. Con esta distancia psicológica, puedes avanzar con tu vida y encaminarte hacia lo que realmente quieres, mientras tomas conciencia de que estás teniendo una serie de pensamientos que simplemente están acompañándote (al fin y al cabo, pretenden protegerte). Con esto, empezarás a practicar la defusión cognitiva.

El «yo-contexto» es la esencia de la defusión e implica despegarse de los propios pensamientos, es decir, tomar perspectiva respecto de su contenido. Con ello, ampliamos la distancia psicológica respecto a ellos, distinguiendo entre el contenido del pensamiento que se tiene y la persona que está teniendo el pensamiento, es decir: tú. Tú contienes a tus pensamientos, pero no eres ellos. De esta manera, un pensamiento pasa a ser simplemente algo que aparece y está ahí, pero sin que tengas que enredarte en él. **La ventaja de la perspectiva implica que tu «yo» está por encima y en otro plano respecto al pensamiento y, desde esa perspectiva, los pensamientos son experimentados.** Tú eres mucho más que tus pensamientos, como si estos fueran esos pasajeros de los que ya hemos hablado en la metáfora del autobús. Ser capaz de mantener los pensamientos a una distancia de observación, como si estuvieras viendo un atardecer desde un precioso acantilado con tus pensamientos al lado, pero nunca viéndolo a través de ellos. O como leíste en la metáfora del teatro, tú sentado en el patio de butacas viendo el historión que está sucediendo en el escenario. La clave está en mirar a tus pensamientos, no a través de ellos.

En resumen, lo que espero haberte dejado claro es que tú no eres lo que piensas y tus pensamientos no te definen. Eres la persona que piensa y que contiene esos pensamientos, entre muchas otras cosas. Estos pensamientos son una parte de ti, pero no el todo. Y puedes ser consciente de ellos, observándolos sin engancharte ni luchar contra ellos. **Sin permitir que dirijan tu vida porque eres tú quien decide a dónde quieres dirigirla.** No se trata de eliminarlos para dejar de verlos, sino de verlos de la manera correcta.

Llegados a este punto, ¿te gustaría saber cómo puedes llevar todo lo que has leído sobre tus pensamientos a la práctica? Vamos con ello.

Ahora quiero presentarte una serie de ejercicios para practicar la defusión. Aunque son sencillos, requieren de entrenamiento para que te acompañen en tu camino. Que no te engañe su aparente simplicidad; practicados a diario y vinculados con tu historia de aprendizaje y contexto actual pueden ayudarte mucho. No obstante, ten en cuenta que son herramientas generales que no tienen por qué funcionar de manera mágica con todo el mundo. Su objetivo no es que tus pensamientos se vuelvan positivos o que cambien, sino que trabajando en su aceptación dejen de tener tanto poder sobre ti y ganes en flexibilidad.

1. **Tumbarse en la hierba a observar las nubes:** imagina que te encuentras sobre un tupido prado verde bajo un cielo azul en el que van apareciendo recortadas algunas nubes. Para empezar, puedes tomar conciencia de que tú estás aquí (en la hierba) y las nubes se encuentran allí (en el cielo). También debes tener presente que tú eres la persona que va a observar las nubes. Esto es establecer el «yo-contexto» y puedes enriquecerlo imaginando cómo se siente la textura de la hierba, la temperatura de la brisa o la luz del sol. Ahora empieza a observar las nubes conforme van apareciendo y flotando ante tus ojos. Pueden aparecer nubes grandes, pequeñas, algodonosas o finas. Pueden aparecer y desaparecer en un corto intervalo de tiempo o pueden quedarse un rato largo. Algunas tienen forma de conejito suave, esponjoso y adorable. Y puede que, de repente, aparezca una con forma de caca de perro. Sé que no te gusta, pero no reacciones a ella. No trates de controlarla. **Solo permanece observando, sin juzgar.** Aunque una nube no te guste, dale la bienvenida amablemente como parte de la experiencia presente, sin pensar en la nube anterior (que ya forma parte del pasado) porque te gustaba más, sin esperar tampoco a que llegue otra más bonita (formará parte del futuro). Observa desde el tú —aquí— ahora. Las nubes son tus pensamientos y este ejercicio te permite abrirte a ver las cosas que están sucediendo ahora mismo, sin intentar cambiarlas.

2. **La mente amable:** es importante ponerle nombre a tu mente porque así es distinta de «tú» y puedes ampliar la distancia psicológica de su contenido. Es como si hablaras con alguien y, viendo su cabezota, decides no discutir para no enredarte, estés o no de acuerdo con lo que te dice. Puedes ponerle nombre si quieres (la mía se llama *Deiviflix*). Puedes imaginártela como la pantalla del cine, el dictador interno o un invitado grosero que no parece querer irse. **Ahora simplemente visualiza tu mente y salúdala amablemente, dándole espacio en tu vida.** Y desde esta perspectiva puedes escuchar lo que te dice sin entrar a luchar contra ello. Te acompaña, pero no te dirige.

3. **La mano:** coge uno de estos pensamientos que tanta guerra te dan y escríbelo en tu mano. Por ejemplo: «no valgo para nada». Acércate la mano a la cara y colócala a la altura de los ojos, con la palma de la mano abierta de tal manera que puedas ver el pensamiento más cerca. Te habrás dado cuenta de que, cuanto más cerca está este pensamiento de tus ojos, menos cosas puedes percibir a tu alrededor. Y si pegas la mano a la cara tapando tus ojos, entenderás la metáfora de aferrarte a tus pensamientos, pues de esta forma no te permiten ver más allá, dominando tu conciencia. Esta es la fusión cognitiva. Ahora aleja la mano con el pensamiento escrito. Puedes seguir viéndolo, pero con esa distancia puedes comenzar a percibir otras cosas. **Ahora ladea un poco más la mano hasta situarla al lado de tu cabeza, despacio y con amabilidad.** El pensamiento sigue ahí, pero ya no te domina y tienes la suficiente apertura para ver otros 10 estímulos que se encuentran a tu alrededor para poder dirigirte hacia ellos haciendo otras cosas. Esto, en cambio, es la defusión cognitiva.

4. **Las meninas:** esta obra de arte es una de mis favoritas y su autor mi debilidad. Un óleo sobre lienzo de estilo barroco que se encuentra en el Museo del Prado de Madrid y que Diego Velázquez pintó en 1656. Puedes buscar el cuadro y tenerlo

delante para el ejercicio o utilizar cualquier otro que te guste o conozcas. En el caso de *Las Meninas*, la escena está llena de variopintos personajes como el propio Velázquez, la infanta Margarita, las meninas, una monja, un perrito, los reyes y otros personajes. Incluso contiene cuadros dentro del cuadro. La maravillosa composición presenta varias escenas en las que, observando la obra, puedes adoptar diversas perspectivas o maneras de mirar la escena. Si has elegido otro cuadro, seguro que también contiene varias escenas. Obsérvalo detenidamente y sin juicios: su contenido, los diferentes elementos y personas que aparecen (si es que las hay). Sin intentar alterar nada. Solo describe lo que estás viendo. Puedes mirar de frente, ladearte, acercarte o alejarte. **Pero no te metas dentro del cuadro ni te enganches a los significados de las escenas que ocurren dentro.** Ahora toma uno de tus pensamientos recurrentes, ese con el que siempre te peleas, e introdúcelo en la escena de manera simbólica, como si fuera un elemento más que se encuentra al lado de una menina o del propio Velázquez, si has usado esta pintura para hacer el ejercicio. Y simplemente permanece con la mente de observador: Tú-aquí (observando), y tus pensamientos-allí (siendo observados).

PSICOCLAVES

- La hiperreflexividad está en el centro de tu sufrimiento porque hace que puedas sufrir prácticamente por todo, te mantiene insensible a lo que el aquí y ahora puede ofrecerte y te aleja de tus áreas de valor.
- Tus pensamientos no son hechos. Que pienses algo no lo convierte en real. Solo son un conjunto de letras y palabras que están impregnadas de un significado para ti.
- La fusión cognitiva implica reaccionar automáticamente al contenido de tus pensamientos como si fueran la verdad absoluta, provocando que te enganches a ellos.

- La defusión consiste en ampliar la distancia psicológica respecto al contenido de tus pensamientos para que no te dominen y puedas dirigirte hacia tus áreas de valor.
- Es muy importante entrenar un rato cada día las habilidades de defusión para que puedas aplicarlas en momentos en los que te encuentras sufriendo y tu vida se vea limitada.

4

TUS VALORES: LA BRÚJULA QUE GUÍA TU CAMINO

«¿Podrías decirme, por favor, qué camino debo tomar desde aquí?
—Eso depende en gran medida de adónde quieras llegar —dijo el Gato.
—No me preocupa mucho adónde —dijo Alicia.
—En ese caso, poco importa el camino que tomes —dijo el Gato.
—...con tal de que llegue a alguna parte —añadió Alicia a modo de explicación.
—Oh, de llegar a alguna parte puedes estar segura, seguro que lo consigues —dijo el Gato—, siempre que camines mucho rato.»

Lewis Carroll, *Alicia en el País de las Maravillas*

¿ESTÁS VIVIENDO LA VIDA QUE REALMENTE DESEAS?

Con tu mochila a cuestas y tus pensamientos y sentimientos como acompañantes, llega el momento de elegir el rumbo en este particular viaje hacia tu amor propio. Es posible que ahora mismo te estés planteando: pero ¿qué dirección tomo?, ¿cómo puedo saber hacia dónde puedo encaminarme? o ¿hacia dónde voy? La respuesta la tienes en tus valores y en este capítulo hablaremos de ellos, la brújula interna que puedes tomar como referencia para que tus pasos te lleven en una dirección que sea verdaderamente importante y significativa para ti.

Antes de entrar en materia, déjame contarte la historia de Natalia. Natalia me contó que se sentía como un hámster en una rueda.

«Es como si no fuera feliz. Me siento como si estuviera sufriendo todo el rato, con un nudo en el estómago que no se puede desenredar. No entiendo por qué me siento así. Pero ¿cómo no voy a ser feliz si lo tengo todo en la vida? Estudié algo con muchas salidas y pude hacer un máster muy prestigioso. Luego conocí a Rubén y nos casamos. Y aunque es verdad que ya no hay esa pasión, estamos bien y tenemos una buena vida. Nos compramos una casa con jardín y pista de pádel. Vale que mi trabajo no me gusta mucho, pero hace dos años me hicieron indefinida y eso me da estabilidad. También es verdad que mi sueño era estudiar bellas artes porque me encanta el arte, y como no tengo tiempo hace mucho que ya ni siquiera piso un museo ni me dedico a hacer algo para mí. No entiendo por qué los domingos me entra ansiedad. Yo no quiero sentirme así. No debería sentirme así porque estoy haciéndolo todo bien. Pero cuanto más intento avanzar, peor me siento. La verdad es que estoy agotada y sin saber a dónde ir. Simplemente me dejo llevar. Y mi cabeza no para. ¡Dios mío, soy un hámster! La verdad es que escuchándome no sé si esto es lo que realmente quiero, no sé lo que me llena. ¿Realmente la vida es esto? Pero el hecho de plantearme hacer algunos cambios me aterra…»

En este relato pueden observarse una serie de procesos psicológicos implicados en el complejo puzle de su sufrimiento. En su caso pueden resumirse en: «Si lo tengo todo para ser feliz, ¿por qué estoy sufriendo?».

Y es que algunas veces las personas nos sentimos perdidas a pesar de, supuestamente, tenerlo todo. Avanzamos por avanzar y nuestra vida se encuentra al servicio de nada. Y ahí es donde se enciende una incesante alarma que puede tomar la forma de sensación de vacío, ansiedad, tristeza o grano en la frente. Ya has aprendido que hay que escuchar a tus emociones. Pero esto no es suficiente, necesitas un buen guía para poder avanzar en alguna dirección valiosa.

Por eso, en este capítulo vamos a reflexionar sobre los valores. Pero no de la manera tradicional como si se tratara de un listado de términos morales (eso sería un dogma, no valores), sino como una brújula que siempre te señala hacia dónde puedes dirigirte, a pesar de la tormenta que pueda haber estallado. Esta brújula es única para cada persona en este mundo y solo funciona para guiarte a ti. Porque los valores se construyen a través de tu propia historia vital. **Como una narrativa que se va desarrollando con el paso del tiempo y que dejará de desarrollarse cuando ya no existas.**

A veces necesitas un susto para tomar conciencia y vivir conforme lo que es verdaderamente importante para ti. Pero incluso sin ese susto, te llegan señales emocionales para que te plantees si estás viviendo de acuerdo a lo que es relevante para ti. También se puede dar otro caso, que es **vivir la vida de los demás, lo cual también duele porque te mantiene lejos de la tuya.** Y ese dolor es necesario, porque te señala lo que no está funcionando en tu vida. Lo irónico es que redirigir tu vida también duele, porque implica romper, desprenderse y desapegarse para avanzar. Dicho de otro modo, para avanzar en la vida siempre hay que pagar un peaje.

> **Quieras o no, la vida te golpea. Y por mucho que lo tengas todo bien controlado, te rompe y te sumerge en un sufrimiento que nadie te puede ahorrar, ni siquiera tú.**

Como decía John Lennon: «La vida es eso que pasa mientras estás ocupado haciendo otros planes». Una sentencia que pone de manifiesto lo poco focalizados que estamos en nuestras vidas. Es habitual ir en piloto automático, sin cuestionarnos si lo que estamos haciendo es lo que realmente queremos. Pero ¿cómo podemos reconducir nuestra vida? ¿Cómo podemos acabar con el sufrimiento de vivir una vida que no hemos elegido? Observando un poco más hacia dentro, es decir, hacia los valores que has cosechado a lo largo de tu vida, aunque tú hayas estado mirando hacia otro lado: esos valores siempre serán la brújula que te guiará en el camino.

TU BRÚJULA

Me vas a permitir que me ponga un poco técnico y te ofrezca una definición de esto que los psicólogos llamamos valores y que utilizamos muchísimo en consulta. Definimos los valores como consecuencias construidas verbalmente y deseadas por ti («esto es importante para mí»). Implican consecuencias inmediatas y lejanas que te impulsan y te ayudan a determinar qué dirección quieres tomar en la vida, influenciando tus acciones en muchas situaciones. Por si te resulta una definición un poco técnica, te la traduzco a continuación.

Los valores son conductas, es decir, son cosas que haces. También son potentes reforzadores que implican maneras de vivir. **Se eligen libremente en base a tu historia de aprendizaje y tu contexto actual, no pueden ser impuestos. Por eso la escalera social no es satisfactoria para todo el mundo.** No son extrínsecos (logros o resultados) sino intrínsecos (dan sentido a lo que haces), es decir: son orientaciones de vida, no metas que se puedan alcanzar o completar. Siempre están accesibles (por eso son consecuencias verbalmente construidas) y actúan como una dirección hacia la que avanzar. Son lo que te permite vivir una vida que merece ser vivida. Como esa dirección que le otorga un significado a tu existencia y, por tanto, a tus vivencias.

Son como dirigirte hacia el este, brújula en mano, que nunca se alcanza realmente, pero por muy perdido que estés siempre puedes dirigirte hacia allí. Este camino implica una dirección coherente y elegida para tu vida. Un sentido vital que, al fin y al cabo, llena tu ser. Los valores le otorgan función apetitiva a tu vida. Vivir conforme a ellos es como tomar el timón de tu propio barco, a pesar de las inclemencias del tiempo. Eso sí, con una brújula que te indique hacia dónde dirigirte, aunque estés en medio de una tempestad mar adentro. Eso son los valores.

Al igual que le ocurría a Natalia, a consulta vienen muchas personas que, **teniéndolo supuestamente todo, viven en una constante sensación de sufrimiento e insatisfacción vital.** Y es que su dirección vital no la han establecido ellos, porque probablemente no sepan lo que realmente anhelan. O que, aun sabiéndolo, no sean capaces de avanzar hacia esa dirección porque el peaje es muy costoso.

Ojo, vivir de acuerdo a tus valores no significa que todo vaya a salir como esperas. Pocas cosas dependen de ti, porque sentir bienestar psicológico en un contexto difícil es como achicar agua dentro de un río mientras cae una tromba de agua. Seguir adelante siempre es difícil. Sé que no sueno optimista, pero tampoco lo pretendo. **Abogo por un realismo saludable. Porque la mayoría de las vidas están llenas de dolor. Y vivimos como podemos.** De lo que se trata es de aceptar el sufrimiento para que puedas dirigirte hacia una dirección importante. Así que lo primero que te propongo es que te detengas para alejarte del ruido y puedas escuchar lo que te intenta decir tu dolor.

Empieza por definir tus valores, es decir, delimitar lo que realmente es importante para ti: eso que consideras relevante, significativo y que merece ser vivido. Reflexiona sobre lo que consideras que le da sentido a tu vida. Aquí tienes algunos ejemplos: familia (es la que tú eliges), relaciones íntimas, amistades y vida social, desarrollo laboral, educación o desarrollo académico, ocio e intereses como *hobbies*, finanzas, justicia, espiritualidad (del tipo que sea), cuidado físico (entrenamiento, alimentación y descanso), altruismo y contribuciones a la comunidad, autenticidad, expresión artística, aprendizaje o contacto con animales y naturaleza. Este listado no refleja toda la cantidad de valores que pueden existir, aunque haya un consenso social con la mayoría. De hecho, puedes tener los tuyos propios y serán igualmente válidos, pues este listado no agota todas las posibles opciones de vida ni pretendo que actúen como un catálogo. Recuerda que un valor no es algo que se tiene ni algo que se logra, sino que es una dirección que te guía en el camino que es tu vida. Por ejemplo, puedes estar deseando que lleguen las seis de la tarde después de un día chungo en el curro para irte a la protectora de animales a cuidar a los perretes y gatitos porque esto es lo que da sentido a tu vida.

> **Dijo Jean-Paul Sartre que la vida no tiene significado *a priori*, sino que el significado de tu vida depende de ti y el valor de tu vida no es nada sino el significado que elijas.**

Después de clarificar tus valores, el segundo paso es orientarte hacia ellos, ya que puedes tener muy claro que la brújula te señala hacia el este porque es superimportante para ti, pero al mismo tiempo estar mirando en dirección contraria, como cuando **te vuelves contra lo que piensas y sientes, o te dejas llevar por todas las cosas que tienes que hacer diariamente.** Comprometerte con tus valores es fundamental para no perderte en la vorágine cotidiana. Para ello, debes concebirlos como una prioridad en tu vida, por muy complicado y absorbente que sea tu día a día.

El tercer paso, y quizás el más difícil, es vivir de acuerdo a ellos. A esto se le llama acción comprometida. Existe suficiente evidencia que relaciona el vivir alineado a tus valores con tener ciertos niveles de bienestar psicológico y satisfacción vital. Lo cierto es que tiene sentido: **cuando en tu presente integras acciones conectadas con tus valores, aunque sea solo un rato al día, te puedes sentir conectado con la vida, a pesar de las cosas malas que te sucedan (y que seguirán sucediendo).**

De lo que se trata es de encontrar ese casi utópico equilibrio entre aceptar unas emociones muy intensas y terriblemente desagradables mientras intentas no perder de vista esa agujita que te señala por dónde seguir avanzando. Pues incluso en la más oscura de las noches puedes encontrar tu dirección si sabes dónde tienes que mirar.

Ahora te voy a plantear un pequeño ejercicio en el que vas a tener que usar tu imaginación. Lo llamo «Visualiza tu funeral». Sí, has leído bien, confía en mí y sigue leyendo. Estando allí, de cuerpo presente, te rodean todas las personas que han formado parte de tu vida. ¿Qué crees que dirían de ti?, ¿qué crees que pensarían de la vida que has tenido? Y tú, si te vieras dentro del ataúd al final de tus días, ¿qué pensarías de ti?, ¿qué te gustaría que pusiera en tu epitafio? Imagina que pone: «Dedicó su vida a controlar la ansiedad» o «Por pelearse con sus pensamientos perdió la oportunidad de vivir conforme a (*inserte valor aquí*)». No suena bien, ¿verdad? La buena noticia es que aún estás a tiempo de cambiar la futura frase de tu epitafio, así que te invito a reflexionar sobre cómo quieres que sea tu camino vital, con qué cosas buenas quieres quedarte cuando llegues al final de tus días, por muy lejanos que parezcan ahora. Pero para los días que puedan quedarte por vivir, espero que este ejercicio te ayude a poner sobre la mesa cuáles son tus verdaderos valores, esos que hacen que la vida, para ti, merezca ser vivida. Una vez averiguados, es inevitable hacerse esta pregunta: ¿por qué vivimos una vida alejada de nuestros valores? La respuesta, nada sencilla, es porque surgen barreras. Vamos a descubrirlas.

BARRERAS

Ya hemos hablado antes sobre la alergia generalizada que experimentamos hacia el malestar emocional, ya sea nuestro o ajeno. Hemos asumido que **estar de bajón es algo repudiado socialmente y nos sentimos forzados a cambiar rápidamente de actitud para exigirnos pensamientos positivos.** Tratamos de enterrar las emociones que no nos gustan bajo una montaña de productividad. Adoptamos el control emocional como una norma que nos lleva a querer alguna cosa, pero sin aceptar la posibilidad de que salga mal. O de querer vincularnos con alguien, pero sin experimentar la posibilidad de perderlo.

Interpretamos el malestar emocional como una barrera insalvable, a la que aplicamos reglas verbales rígidas e inflexibles que actúan como un dictador interno: «Para poder vivir bien, tienes que sentirte bien, así que elimina primero tus emociones negativas». **Esta trampa verbal te envuelve de tal manera que te atrapa en una espiral de lucha insidiosa.** Y te instalas, involuntariamente, en un contexto de sufrimiento en el que sufres por intentar dejar de sufrir. Porque, lógicamente, no eres capaz de eliminar lo que consideras hostil ni avanzas hacia lo que es importante para ti.

> **El paso del tiempo te transporta inexorablemente hasta que no te queda más camino por recorrer. Si vives intentando mantener tus emociones bajo llave, quien terminará atrapado serás tú.**

Esto también sucede cuando intentas controlarlo todo. Porque nos han enseñado, como si fuera la única opción posible, que el control es la solución. Aunque a las personas nos encanta el control y esto no es negativo en sí mismo, se convierte en algo malo cuando creemos que es la única forma de actuar, nos negamos a soltarlo y nos enreda. Nos han vendido que el control es la solución, cuando realmente es el problema. **Así que puedes empezar a plantearte que, si el control es realmente un problema para ti, la solución puede ser soltarlo.** Sería algo así como salir a experimentar, en lugar de seguir reglas verbales inflexibles y rígidas. Así que atrévete a experimentar a ver qué sucede.

Soltar el control, una conducta realmente costosa en términos psicológicos, para responder actuando en esa dirección valiosa para ti. Lo sé, la teoría es más fácil que la práctica, pues **vas a encontrarte con todas las barreras psicológicas que tienes y que intentas controlar, evitar o destruir de cualquier manera.** La evitación es la que más interfiere en tu avance, porque si realmente quieres superar estas barreras debes conectar con todos tus eventos privados, como en la metáfora de las arenas movedizas. Aceptar tus emociones te permite liberar recursos y ser capaz de comprometerte con tus valores para avanzar conforme a ellos. Porque valorar es justamente eso: actuar conforme una dirección valiosa e importante para ti.

Me parece maravilloso este extracto del libro *Tokio Blues (Norwegian Wood)* de Haruki Murakami que dice así:

«La muerte no se opone a la vida, la muerte está incluida en nuestra vida. El conocimiento de la verdad no alivia la tristeza que sentimos al perder a un ser querido. Ni la verdad, ni la sinceridad, ni la fuerza, ni el cariño son capaces de curar esta tristeza. Lo único que puede hacerse es atravesar este dolor esperando aprender algo de él, aunque todo lo que uno haya aprendido no le sirva para nada la próxima vez que la tristeza lo visite de improviso».

El dolor se puede asumir como algo inseparable del hecho de vivir. **El sufrimiento forma parte de la vida.** De lo que se trata es de aprender a vivir a pesar del malestar que vamos transitando en el día a día porque no podemos librarnos de él. Explorar otras opciones de aceptación conlleva la implantación de nuevas reglas verbales más flexibles del tipo «si camino hacia allí, puesto que para mí es importante, me sentiré muy orgulloso a largo plazo, aunque ahora experimente malestar». De esta manera, atravesar el dolor ya no se plantea como un problema, sino como algo necesario para poder avanzar.

Es importante tomar contacto con lo que te dices cuando te planteas atravesar esa situación que te genera malestar en el presente. Eres lenguaje y tu sufrimiento es una característica de tu naturaleza. **Puedes sentir dolor o malestar emocional ante cualquier estimulación verbal relacionada con ese evento en cualquier contexto, aunque ahora mismo no esté presente** («la tormenta que me espera es horrible y no podré soportarla»). Rumias el pasado y anticipas el peor de los futuros. Entonces te sientes mal, lo que actúa como una barrera que te mete en la cama el resto del día o te impide hacer un plan de ocio, cayendo en la inflexibilidad psicológica. Para evitarlo, una de las claves es cambiar la trampa del «cuando me sienta bien, cambiaré mi forma de actuar» por **«camino hacia lo importante a pesar de cómo me siento ahora»**. Ya te adelanto que si no caminas hacia lo importante seguirás enredándote en lugar de crecer. Te lo explico con más detalle en las siguientes líneas.

¿CRECES O TE ENREDAS?

Concebir el sufrimiento como parte inherente de la vida no es ser pesimista, es aplicar **un realismo saludable que nos sitúa en una perspectiva más flexible para entender que en un contexto social precario lo raro sería no sentir tristeza, ansiedad, estrés, culpa, rabia o vergüenza.** Y sobre esto poco puedo decir; la sociedad en la que vivimos está tremendamente mal construida a nivel socioeconómico y eso es un generador de sufrimiento. Por si fuera poco, caemos una y otra vez en la trampa verbal de la felicidad.

Una trampa que se nos ha impuesto y que consiste en la obligación de sentirse bien y perseguir una especie de promesa de nirvana emocional, evitando todo atisbo de malestar, que se percibe como algo negativo e inapropiado. **Resulta curioso que en una sociedad cada vez más moderna, las cotas de sufrimiento son cada vez mayores.** Como ya hemos dicho anteriormente, buscar la felicidad evitando el sufrimiento se ha convertido en la gran regla e, irónicamente, eso nos hace sufrir cada vez más. El dolor es visto como algo que debe extirparse. Una paciente me contó que sufre mucho porque dedica demasiadas horas a su trabajo a costa de pasar menos tiempo con su familia, pero que no puede trabajar menos por el sufrimiento que le genera la idea de perder el trabajo. Así es el enredo del sufrimiento.

Ya conocemos la teoría, pero ¿qué podemos hacer al respecto? Para huir de esta trampa verbal, primero debes ser consciente de que no se puede concebir el bienestar emocional sin el malestar emocional. Son como las dos caras de una misma moneda. **Valorar algo te pone inmediatamente en contacto con la posibilidad de perderlo o de que salga mal.**

No aceptar el malestar y pretender que no te duela lo que tiene que dolerte, acaba doliéndote el doble y durante mucho más tiempo.

Reconocer como normal y válido lo que sientes se torna fundamental en una sociedad que te reprocha la intensidad de tus emociones y la mala actitud. El malestar emocional, algo natural ante la gran cantidad de eventos vitales que experimentamos, es visto como una enfermedad que hay que curar mediante el consumo masivo de autoayuda y psicofármacos.

Ese es el peligro de etiquetar las emociones como buenas o malas, como positivas o negativas. Sentirse bien frente a sentirse mal. **Como si sufrir fuera el antónimo de vivir.** Lo cierto es que se trata de hacer todo lo contrario, es decir: de darle sentido a ese sufrimiento, concibiéndolo como un aspecto más de la vida. De esta forma, si comienzas a dirigirte hacia algo valioso y aceptas el sufrimiento como algo inherente a la vida, desde este enfoque las emociones no actuarán como barreras sino como acompañantes. Pero nuestra naturaleza verbal nos enreda antes de siquiera empezar a ponernos en movimiento. La vuelta y reflexión hacia uno mismo implica enredarse en eliminar estímulos verbales o simbólicos que nos resultan peligrosos, situando la hiperreflexivilidad como uno de los núcleos del sufrimiento. La prueba difícil es saber discernir cuándo la reflexión sirve para avanzar por tu camino vital y cuándo esas acciones verbales se interponen en tu camino en forma de gran barrera.

¿Y qué puedes hacer, entonces? Simplemente, soltar el control para abrazar la vida con todo lo que eso conlleva. La capacidad que tienes para controlar tus eventos privados (ya sabes, pensamientos, emociones y sensaciones) es bastante limitada porque su aparición es automática. Ya has aprendido que, cuanto más luchas contra ellos, más grandes se hacen. Y que cuanto más grandes se hacen, más terribles te resultan y más bloquean otras conductas que podrían resultarte más útiles, por lo que te estancas y acabas viviendo una vida sin sentido. **Pensamos que tenemos toda la vida por delante, pero lo cierto es que la tenemos por detrás.** Y sí, un viejo hábito no cambia en un día. Por eso es tan importante poner en práctica, muy poco a poco, todo lo que estás aprendiendo en este libro. Cuando entiendes cómo funcionas a nivel psicológico, te conviertes en tu propio analista de conducta y aprendes a ver aquello que sientes desde otra perspectiva. Una en la que, a pesar del malestar emocional que puedes sentir, te permite elegir una dirección valiosa para ti.

> **«Aquel que tiene un porqué para vivir**
> **se puede enfrentar a todos los cómo.»**
> **—Friedrich Nietzsche**

Todo esto que has leído puede ayudarte a replantearte una importante cuestión: al servicio de qué se encuentra tu vida. Puede que en este momento se trate de eliminar esas emociones que no te gustan (con improductivos esfuerzos). Y estoy casi seguro de que lo que realmente te gustaría que definiera tu vida son todo el conjunto de acciones encaminadas a dirigirte hacia lo verdaderamente importante para ti, es decir, tus propios valores. Por ejemplo, si para ti es importante la amistad, puedes comenzar hoy por realizar alguna acción que te aproxime un poquito más a ese valor a pesar de lo que sientes o del torrente de pensamientos que puedan abrumarte. Si para ti es relevante tener una pareja sana, puedes abrirte a conocer a alguien, aceptando el miedo que te provoca el rechazo. Si lo significativo para ti es aportar algo a la comunidad puedes realizar acciones, aunque te acompañe la sensación de que te están juzgando. Cuando empiezas a vivir de acuerdo a tus valores, empiezas también a plantearte si ha merecido la pena vivir como has hecho hasta ahora. Es más, si volverías a vivir de nuevo tu vida de esta misma manera. Sé que esto es muy difícil, así que para ayudarte un poco te propongo hacer un ejercicio metafórico muy práctico.

Con este ejercicio, que yo llamo «El jardincillo», quiero que tomes conciencia de que para acercarte a eso que quieres debes aceptar las cosas que no te gustan de tu vida, y que, independientemente de cómo te sientas hoy, puedes tomar acción para encaminarte hacia algo valioso para ti. Vamos a ello.

Imagina que eres un jardinero o jardinera que tiene ante sí un bonito jardín al que tiene mucho cariño. Este es tu jardín, del que nadie más que tú puede responsabilizarse. Ahora, **imagina que las plantas de tu jardín son todas esas cosas importantes, relevantes y significativas que quieres tener en tu vida.** ¿Cuáles son las plantas de tu jardín?, ¿cómo las percibes?, ¿son bonitas y tienen muchas flores o están descuidadas?, ¿realmente las estás cuidando como te gustaría o hay algo que te lo impide?

Quizás te hayas percatado de que en un jardín crecen también malas hierbas. Y que parece que afean el jardín y no te gustan nada. Así que las cortas en cuanto aparecen. Es algo que resulta farragoso, nunca puedes eliminarlas del todo y, por si fuera poco, en cuanto te descuidas, vuelven a crecer. Así que allá vas de nuevo. **Algo así sucede con todas esas sensaciones, pensamientos y emociones que no te gustan.** En cuanto aparecen dejas de lado el cuidado de tu jardín para tratar de arrancarlas. (Metáfora adaptada de Kelly Wilson y Carmen Luciano, 2002).

La clave de todo esto es comprender que el cuidado de las plantas de tu jardín no puede depender de tu estado de ánimo. Cuando todo va bien y estás alegre y con la motivación al máximo, te dedicas a cuidar de las plantas. **Pero si te encuentras triste, sin ganas o de bajón, te desentiendes de ellas. Es entonces cuando se marchitan. Y cuanto más marchitas**

están, más te cuesta cuidarlas. Es importante darse cuenta de que a veces las plantas tienen partes que puede que no te gusten. Como las rosas, que tienen espinas. O entender que las malas hierbas pueden resultar necesarias para el correcto equilibrio del jardín, o que incluso tengan algún valor esencial para el ecosistema. También es necesario aceptar que las plantas no siempre crecen como te gustaría: a veces salen con flores amarillas cuando las querías blancas. Esto es algo que no puedes controlar. O que, si no hay ni siquiera semillas, el jardín requerirá cuidados y paciencia a largo plazo.

Tómate un rato para ver si realmente estás cuidando de todas las plantas, flores y frutos de tu jardín tal y como te gustaría o si, por el contrario, sigues enredándote en que no aparezcan las malas hierbas. ¿Cuánto valoras realmente el cuidado de tus plantas? **¿Crees que podrías dejar de centrarte tanto en las malas hierbas para dedicar el tiempo que las plantas merecen?,** ¿podrías llegar a aceptar esas malas hierbas como una parte normal de la experiencia de cuidar tu jardín?

Voy a planteártelo de una manera visual. A continuación, te presento tu jardín. Verás que contiene 8 áreas de valor. Pero puedes utilizar las que quieras, sean 3 o 12. Puntúa entre 0 y 10 tu grado de clarificación, orientación y satisfacción con cada uno de esos valores. Ahora tienes una manera tremendamente visual de reflexionar sobre cómo se ordena tu vida. No obstante, quiero que tengas compasión contigo. **Es muy complicado que tu jardín se encuentre pleno cuando te han pasado tantas cosas, los problemas te rodean o estás inmerso en un torrente de sufrimiento.** Una vez tomes consciencia de en qué punto te encuentras con este ejercicio, se tratará de regular tus emociones y conceder a tus valores la importancia que merecen. Puedes empezar planteándote algo tan sencillo como ver **qué puedes hacer en este mismo momento para aumentar en un punto la puntuación respecto al grado de satisfacción en tus áreas de valor importantes.** Por ejemplo, si un área de valor para mí es cuidar a mis animales y mi nivel de satisfacción es un 7, voy a intentar ver qué puedo hacer (conductualmente hablando) para clarificar por qué eso es importante para mí, orientarme hacia este valor y, a pesar de mis eventos privados, iniciar acciones para mejorarlo (dedicar 30 minutos al día a simplemente estar pegadito a ellos, por ejemplo).

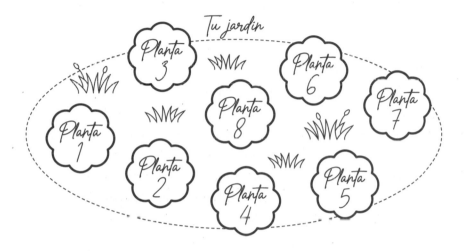

PSICOCLAVES

- El dolor emocional no es un problema psicológico ni tiene por qué ser eliminado, pues te está indicando algo importante. Lo quieras o no, la vida te golpea y te sitúa en un sufrimiento que nadie te puede ahorrar, ni siquiera tú.

- Los valores son potentes reforzadores intrínsecos libremente elegidos. Son orientaciones de vida, siempre accesibles y actúan como una brújula que te indica la dirección hacia la que avanzar. Te permiten vivir una vida que merece ser vivida.

- El sufrimiento no es incompatible con la vida, sino que forma parte de ella. Intentar controlar lo que piensas y lo que sientes solo te enredará en una lucha agotadora que te alejará de lo importante.

- Tu historia te ha enseñado a temer tus emociones. Reconocer como normal y válido lo que sientes te permitirá mejorar la relación que tienes con tus respuestas emocionales y te abrirá la puerta hacia un lugar lleno de valores.

- Tu vida es como un enorme jardín donde conviven plantas que brillan y malas hierbas. Si te enredas en las malas hierbas, descuidas las plantas, flores y frutos de tu jardín.

5

¡EN MARCHA! EMPIEZA LA AVENTURA DE QUERERTE

«La peor soledad es no estar a gusto con uno mismo».

Cita adaptada de Mark Twain.

TU AUTOESTIMA

Después de reflexionar sobre tus valores y aprender a encaminarte hacia ellos, es momento de hablar sobre la autoestima, un elemento imprescindible para transitar por el emocionante viaje de tu vida.

Para estrenar el capítulo voy a contarte la historia de Elena; tal vez su experiencia te resulte familiar.

Durante la primera sesión con Elena le pregunté si podía decirme algunas de sus cualidades más bonitas. Se puso a llorar, supongo que porque ciertas preguntas nos hacen tomar contacto con nuestras partes más rotas. Después de un rato, me confiesa que siempre ha tenido baja la autoestima. Una infancia llena de exigencias, invalidación y padres emocionalmente no disponibles fue rasgando poco a poco su manera de ser. Una personalidad que en el presente implica rechazar las verbalizaciones positivas. De hecho, cuando agradezco a Elena que se haya expresado tan bien conmigo, me dice que no ha sido para tanto y me pide perdón por haber llorado. Tiene claro que no se cree lo bonito que le dicen, pero se queda con todo lo negativo, como esos retazos del pasado que sigue integrando muy dentro de ella. Me cuenta que lleva toda la vida luchando contra sí misma, sobre todo cuando se miraba en el espejo y se machacaba por sus piernas. Ya ni siquiera se mira. Como si la imagen del espejo fueran fantasmas del pasado que se materializan como jueces en el presente. Entre lágrimas dice que no se valora nada. Que si no se quiere a ella misma nadie la va a querer, lo que la lleva a repetir el patrón de priorizar a su pareja por encima de sí misma. Y claro, terminan aprovechándose de ella hasta que la dejan por otra persona. Y se culpa de todo. Juntos decidimos comenzar a reparar todas sus partes rotas.

¿Por qué Elena tiene tan mala percepción sobre sí misma? ¿Dónde se originó esa baja autoestima? En este capítulo vamos a tratar de arrojar un poco de luz sobre el tema. Sé que has leído muchas cosas sobre la autoestima, así que aquí voy a tratar de hacerlo bajo una perspectiva científica, huyendo de entenderla como causa del comportamiento: por ejemplo, al decir, equivocadamente, que Elena es dependiente emocional porque tiene una baja autoestima. En lugar de eso, vamos a hablar de la autoestima desde una perspectiva que te permitirá entenderla **como un proceso resultante de la interacción entre tu historia de aprendizaje y el contexto actual.**

Ya desde pequeños se nos anima a definirnos con etiquetas. El problema es que tú no eres una etiqueta de Zara. No eres una persona tímida, dependiente o triste, sino que hay contextos en los que te comportas de manera tímida (te cuesta hablar), dependiente (renuncias a un plan por priorizar a tu pareja) o te sientes triste (porque ese contexto no es el que necesitas). **El problema de las etiquetas es que se integran en ti tan adentro que llegas a comportarte de manera inflexible en base a ese autoconcepto.** De nuevo interviene aquí la fusión, pero en este caso respecto al *yo*. Yo soy X (sustituye X por tus etiquetas). Porque, aunque suene extraño, ¿a quién le apetece comportarse de manera tímida y perderse un plan?, a nadie, pero somos seres de costumbres, hábitos y rutinas. Y esta extraña coherencia comportamental toma el control: «Siempre he sido una persona tímida, ya me lo decían de peque». En base a esta regla verbal inflexible sobre el *yo*, **te cierras a explorar nuevos contextos que te aproximen a nuevas oportunidades de aprendizaje que flexibilicen tu conducta** y tiren a mazazos ese «yo» tan poco funcional que tienes. Porque esta coherencia resulta dañina. Imagina esto mismo en una relación de pareja disfuncional en la que de la mano de tu etiqueta de baja autoestima crees que nadie te va a querer, te conformas con las migajas que te dan y hasta te culpabilizas de las conductas de maltrato a las que te someten: «Soy un desastre y nadie me va a querer, así que mejor esto que nada». Una vez establecida e interiorizada la etiqueta de *dependiente emocional,* se vuelve difícil que te des cuenta de cuándo te comportas de manera independiente, como si la etiqueta *dependiente* fuera tu identidad.

> **El peligro de las etiquetas es que llegan a definirte de manera global y toman el control de tus acciones y, por lo tanto, de tu vida.**

¿Por qué ocurre esto? Pues porque la red relacional (todo el conjunto de relaciones entre estímulos que has ido acumulando a través de tu historia de aprendizaje) es casi indestructible (funciona adicionando nuevos elementos, no eliminando los que ya están) y guía tu comportamiento. Por ejemplo, como soy una persona tímida y no se me da bien relacionarme con los demás, trato de eludir ciertas conversaciones, evitando así interactuar con gente desconocida cuando estoy en grupo (me evito el malestar emocional). Este comportamiento sigue dando solidez y coherencia a la red relacional que conforma tu etiqueta, independientemente de los resultados. **En cualquier tipo de problema psicológico o trastorno emocional, el**

apego excesivo a la etiqueta o definición del *yo* resulta en rigidez comportamental o inflexibilidad psicológica. La solución, aunque nada sencilla, es dirigirte a otros contextos en los que hagas otras cosas que integren nuevos elementos en la red relacional y que ese *yo* se haga más amplio y flexible. Siguiendo con el ejemplo, una persona etiquetada como tímida podría proponerse: «A pesar de que me cuesta y genera malestar emocional, voy a sacar un tema de conversación cuando esté con gente desconocida porque es importante para mí integrarme en este grupo y una vez que lo haga seré un poco más capaz de hablar socialmente». Esto también es defusión, que en este caso implica desapegarte de la etiqueta para acercarte a otras fuentes de influencia que impulsen tu comportamiento y sean relevantes en tus valores.

Entendiendo de esta forma la autoestima, podría definirse como la **valoración del conjunto de comportamientos relativamente estables ante un contexto determinado y que se han ido moldeando por tu historia de aprendizaje.** Es decir, el conjunto de verbalizaciones con las que te relacionas contigo, que en el caso de tener una baja autoestima implicarían verbalizaciones negativas hacia ti y tu repertorio conductual (lo que haces). Por ejemplo, en un contexto social donde Marta y Sara sacan un tema de conversación, sus verbalizaciones son diferentes. Marta (baja autoestima) se dice que lo que ha dicho no es nada interesante y que habrán pensado de ella fatal (*castigo verbal —disminuye la conducta en su próxima interacción social— apego al «yo» de timidez*). Sara (autoestima alta) se dice que qué interesante lo que ha dicho y que qué bien se lo ha pasado la gente con ella (*refuerzo positivo verbal —aumenta la conducta en su próxima interacción social— apego al «yo» de persona interesante*).

En este ejemplo, el de Marta y Sara, puedes ver de manera muy sencilla que tratarse bien es algo nuclear en la autoestima. Y aunque más adelante hablaré de la importancia del contexto y de que no todo depende de ti, voy a utilizar el siguiente epígrafe para presentarte a una importante compañera de viaje: la autocompasión.

TRÁTATE BIEN: LA AUTOCOMPASIÓN

Saca los subrayadores porque vamos a seguir indagando dentro de ti, ahora centrándonos en la autocompasión, una de las mejores compañeras de viaje que puedes tener. ¿Recuerdas la habilidad de defusión? Pues vas a trabajarla de nuevo, pero esta vez **para reforzar tu autoestima en esas áreas que sí dependen de ti para bienquererte.** Imagina a una de las personas que más quieres, por ejemplo, a tu amiga Anita, que está emocionadísima porque ha aprobado el examen de oposiciones que llevaba tanto tiempo preparando. Te enseña el vestido nuevo que se ha comprado para ir a celebrarlo con Álex, el chico que le gusta. Ante eso, mirándola a los ojos, le dices: «Tampoco te me vengas tan arriba que es tu obligación. Además, os lo han puesto superfácil. Y el vestido no me convence porque has cogido unos kilos este verano y a Álex no le va a gustar». Quiero que reflexiones sobre el efecto que tendrían estas palabras en Anita. Sería terrible, ¿verdad? Como estampar un vaso de frágil cristal de bohemia contra una pared, caería hecho añicos, como su autoestima. ¿Qué pasaría si hicieras esto con ella durante años? Exacto. Ahora imagina que eso lo haces contigo.

¿Cómo has llegado a tratarte tan mal? A mí me gusta explicarlo con una sencilla historia. Quiero que visualices a un niño pequeño, de unos 4 o 6 años. Puede ser alguien de tu entorno o algún enano al que puedas poner cara y vocecita. Imagina que, vamos a llamarle Marco, te enseña un dibujo que acaba de hacer, con esos ojos que brillan con la ilusión que solo un niño puede contener. Y tú le dices (intenta imaginarlo vívidamente): «Menuda basura de dibujo has hecho, no vales para nada». Pasan los días y con esa inocencia que desbordan los peques te vuelve a presentar otro dibujo. Y tú vuelves a la carga: «Ya te dije que esto que haces es basura y que no sabes dibujar, no vuelvas a enseñarme nada». Así que Marco se va triste arrastrando su dibujo… Pasan 30 años y, un día, por recomendación de su psicóloga, Marco decide practicar el autocuidado dedicando un rato a dibujar. Tras dos horas, mira el resultado. ¿Qué crees que es lo primero que va a pasar por su cabeza? Exacto, lo que está en su historia: «Menuda basura de dibujo he hecho, no valgo ni para esto».

¿Cárcel o refugio? Las palabras no son inocuas y pueden hacer mucho daño. Se impregnan de un significado que puede llegar a convertirse en la peor de las cárceles. **Proteger tu autoestima es cambiar la autoexigencia por autocompasión.** ¿Recuerdas cuando llegabas a casa con un 8 y te decían que podrías haber sacado un poco más? Pues es algo horrible. Lo hiciste lo mejor que podías y todo ese esfuerzo es lo que había que valorar. Esto es autocompasión.

> **Tu amor propio florece con palabras amables y compasivas. Aprendiendo a abrazarte verbalmente, con un abrazo capaz de convertirse en el más cálido de los refugios.**

Una buena manera de practicar ese «hablarte bien» en términos coloquiales es comenzar a ser consciente de la manera en la que te tratas. Porque vas con el piloto automático y la mayoría de las veces no te das cuenta del zasca que te acabas de pegar. **Del mismo modo que mides las palabras que vas a decir a alguien a quien quieres, haz lo mismo contigo.** Así que ahora, practicando la defusión, sitúa a una amiga enfrente de ti de manera simbólica y pregúntate el efecto que va a tener en esta persona lo que le vas a decir. Si va a ser como un abrazo hecho de palabras, adelante. Si va a ser un jarro de agua fría, reelabóralo. Trátate como si fueras la persona a la que más quieres, con esa fragilidad que tiene que ser protegida y cuidada.

Antes de continuar, me gustaría detenerme un instante para hacer una crítica psicosocial. Y es que nos encontramos inmersos en una sociedad en la que la hiperproductividad se concibe como un objetivo deseable, lo más de lo más. Y yo me pregunto: **¿en qué momento hemos romantizado el «no me da la vida y estoy superliado»?** Hasta el punto de que te sientes culpable por pasar una tarde en casa viendo una serie y comiendo palomitas. Recuerda que no hacer nada ya es hacer algo, es autocuidarse. Así que no romantices la vida de los demás en Instagram, porque es una comparación que te lleva al automaltrato y que te absorbe en un bucle de pensamientos negativos, culpa y autodestrucción. Lo mismo sucede para la tremenda presión estética a la que estamos sometidas las personas y que actúa como caldo de cultivo de una autoestima realmente frágil y bajita.

Y oye, claro que está bien trabajar en uno mismo para llegar a ser todo lo fuerte que quieras ser. Pero, a menos que tu camino vital serpentee por una cueva perdida en la cordillera de la soledad, tu autoestima estará ligada a un contexto concreto del que va a depender, fortaleciéndose o debilitándose. Así que me gustaría que leyeras con mucha atención el epígrafe siguiente, porque voy a hablarte de la necesidad de irte de ruta con personas que hayan sido cuidadosamente elegidas por ti. Personas que te respeten, cuiden, valoren, validen y quieran. **Personas que conformen tu lugar seguro, ese al que puedas acudir después de un día horrible para refugiarte en el más afectuoso de los abrazos.** Esas personas bonitas que sientes hogar. Un hogar en el que puedes hacerte una bolita. Donde te encienden una estufa en invierno y te preparan un granizado en verano. Personas que son luz cuando te encuentras en la oscuridad. Aquellas que hacen que tu alma brille.

LAS PERSONAS BONITAS, IMPRESCINDIBLES COMPAÑERAS DE RUTA

¿Por qué necesitamos rodearnos de personas bonitas? Seguramente sabes responder de forma intuitiva a esta pregunta, pero para desarrollar esto, resulta importante entender primero que la autoestima no es algo que tienes dentro de ti en plan homúnculo, sino que es un proceso que sucede en una conjunción entre tu historia de aprendizaje, tu sistema emocional y el contexto en el que te encuentras. Por eso, **por mucho que intentes florecer cual planta, si te encuentras en la maceta inadecuada, o una tierra carente de nutrientes suficientes, te vas a marchitar.** Con fines didácticos voy a dividir tu autoestima en dos partes, las cuales siguen formando parte de ese proceso de construcción del *yo*.

La valoración interna, que se refiere a todo el conjunto de afectos que diriges hacia ti mismo en base a un contexto particular y que viene determinada por tu historia de aprendizaje. Has interiorizado todo lo que te han ido diciendo a lo largo de tu vida, así que ya puedes imaginarte la bomba que da como resultado el haberte expuesto constantemente a historias de invalidación, exigencia, negligencia por parte de las figuras de apego, acoso escolar, comentarios negativos sobre tu cuerpo, rechazos y un sinfín más de interacciones aversivas.

La sensibilidad a la validación externa, que hace referencia al conjunto de afectos que provienen de los demás. Esto no implica solamente las cosas que tu entorno te dice o la manera concreta en la que lo hace, sino también la forma en la que te relacionas con lo que te ofrecen. Por ejemplo, si cuando te proporcionan un mimo, un abrazo o unas palabras bonitas y, por ser coherente con tu *yo* negativo, las rechazas casi automáticamente. O cuando alguien te dice algo negativo, feo o te castiga de manera verbal y lo haces tuyo porque consideras que te lo mereces. Es construir tu *yo* en base a lo que te dicen los demás, no a lo que te dices de ti. Si piensas que tienes algo bueno pero los demás no lo consideran así, lo eliminas de tu *yo*. Y si consideras que tienes algo malo y los demás te dan la razón con sus actos o sus palabras, lo integras en tu *yo* sin cuestionártelo.

> **La vida es como el vagón de un tren en el que van subiendo personas que te acompañan. Algunas pueden permanecer tres paradas y otras toda una vida. Pero mantener a alguien en el vagón solo para no sentirte sola te amargará el viaje.**

Ahora imagina esto en las relaciones de pareja. Si tu identidad y elecciones se construyen exclusivamente en base a los demás, puede estallar una bomba con la que tu autoestima se rompa del todo. **Porque buscar la validación, el cariño, el afecto y la aprobación de los demás es algo normal, somos seres sociales.** Pero hacerlo con quien te trata mal solo va a conseguir que te vuelvas del color que quiere la otra persona, que normalmente suele ser el gris. Estarás dejando que tu *yo* lo defina una persona que solo busca anularte. Y en las relaciones se tiene que aprender a base de caricias, no de sufrimiento.

De ahí la importancia de rodearse de personas que, aun conociendo todas tus vulnerabilidades, sean capaces de remendarte las alas. La familia no tiene por qué ser solamente la de los lazos de sangre. Son todas las personas que has elegido libremente y que te acompañan durante una parte del camino. Muchas veces basamos los vínculos afectivos en la familia que nos ha tocado, en las amistades que se mantienen porque son las de toda la vida y en la pareja que tenemos porque no vamos a tirar por tierra todos estos años. Esto hace que nos entreguemos a vínculos que no son los que necesitamos. Por lo tanto, **para tener una sana autoestima es vital rodearse de personas bonitas que conformen tu lugar seguro.**

Eso sí, tu capacidad para albergar personas a tu alrededor es limitada, así que para que entren personas bonitas es necesario deshacerse de las que no te hacen bien. Hablaremos de ello en el siguiente epígrafe.

MANDAR A PASEO

Ya hemos visto que todo lo que te llega de parte de los demás te va moldeando como si fueras un pajarito de barro, así que mejor permanecer al lado de alguien que se encargue de que brilles con unas alas bien grandes y fuertes. **Y es que el ambiente va dando forma a tu etiqueta, convirtiéndote en una persona tímida, sosa, creída, intensa, dramas, rescatadora, cuidadora, complaciente o desobediente.** Y esa etiqueta que te colocas te va otorgando sentido y coherencia. Como si te fueras adhiriendo a ella poco a poco. Comportándote conforme a las instrucciones que contiene. Y como esa etiqueta del vestido que te compraste ayer que no hay dios que arranque, no puedes desprenderte de ella. Porque las personas que te rodean castigan cada intento que haces por arrancarla. Como consecuencia, no logras que las personas que te rodean te perciban como realmente te gustaría. Así que puedes seguir mendigando para que te validen o puedes plantearte alejarte de quienes te hacen daño y no te tratan como realmente mereces.

De nada vale que te pongas delante de un espejo a hablarte bien si luego el contexto es invalidante o machacante. Por eso es tan importante aprender a establecer límites, porque por intentar mantener a ciertas personas cerca para evitar pasarlo mal, de quien realmente te alejas es de ti. Pero no te lo van a poner fácil, ya que cuando pones límites y te lo tiran en cara es porque esas personas se estaban aprovechando de la ausencia de límites.

> **No se puede permanecer estable si te han dado una frágil barquita de papel y te han situado en el más revuelto de los mares. El contexto resulta fundamental.**

Es complicado tratar de romper ciertos lazos que no te hacen bien, especialmente el de la familia, porque te van a repetir cientos de veces que está por encima de todo, incluso de tu propio bienestar. Y entre el «bueno, es que es tu madre» y el «hazlo por tu hermana que es tu cuñado» te van a presionar para que permanezcas en contextos que no te vienen nada bien. Ojo, si la familia es funcional, estructurada y sana, adelante. Pero también puede ocurrir que el entorno familiar sea una auténtica pesadilla. **Y la presión por permanecer ahí es tan brutal que terminas, sin querer, invalidando tu propio dolor y todas esas alarmas que te dicen que salgas de ahí (recuerda la función de tus emociones).** Por supuesto, alejarse de una madre o de un abuelo es tremendamente duro, pero más doloroso resulta a la larga quedarse ahí.

Lo mismo sucede con las amistades que se mantienen nadie sabe por qué. Amigos que no te hacen mucho bien y con los que poco tienes ya en común, pero cuyo vínculo crees que no puede romperse porque os conocéis de toda la vida. O con el trabajo, una de las principales causas de ansiedad. Continúas en tu puesto a pesar de no tener un sueldo digno o de la carga abrumadora de responsabilidades, pero como necesitas comer cada día sigues ahí, y la ansiedad también (poco podemos hacer en un contexto socioeconómico tan precario).

El gran miedo que activa mandar a tomar viento una relación —sea del tipo que sea— es el miedo al abandono y la soledad. La posibilidad de que nos rechacen o nos dejen solos realmente da mucho miedo. Pero ya has trabajado la fusión cognitiva, y aquí puedes aplicarla también. **Una cosa es pensar en quedarse solo o sentir que lo estás y otra muy diferente es estarlo de verdad.** Como dijo Gustave Flaubert: «La soledad enseña a no someterse a cualquier compañía». Y es que demasiadas veces aceptamos terribles compañías para no transitar la soledad.

Quiero cerrar este capítulo con la triada del cariño. Se compone de: darte cariño a ti mismo mediante la autocompasión, acercarte a personas que te proporcionen el cariño que necesitas y alejarte de aquellas que te lo quitan y no te hacen ningún bien. En el siguiente capítulo me voy a explayar sobre las relaciones afectivas, que normalmente nos acompañan durante toda nuestra vida adulta. Pero antes de cerrar el capítulo te voy a plantear un ejercicio chulísimo para que puedas trabajar el darte cariño mediante la autocompasión. Vamos a plantar un árbol.

Te propongo un ejercicio experiencial y visual con el que vas a tomar conciencia de todo lo bueno que hay en ti, impulsar tu autoestima y aprender a tratarte mejor y con más autocompasión.

Se llama «El árbol de autoestima» y para realizarlo lo primero que vas a hacer es un listado de las muchas cualidades positivas que tienes y que muy probablemente no eres capaz de reconocer. Te voy a proponer una serie de categorías en las que tienes que mencionar al menos tres cualidades. Tómate tu tiempo. Y si no las encuentras, tómate más tiempo. Sé que puede resultar complicado, que llegues a emocionarte o incluso que lances el libro contra la pared (otra vez), pero por favor, inténtalo.

1. **Cualidades físicas:** no me refiero a lo meramente estético, sino a qué partes de ti te gustan y te parecen bonitas. No es tanto «tengo unos ojos bonitos porque son color amanecer hawaiano», sino más bien «me gusta mi mirada porque es muy expresiva» o «me gustan mis piernas porque me permiten levantar 50 kilos en sentadilla». Todo aquello de lo que sientas orgulloso. Señala esas cosas tan maravillosas que te permite hacer tu cuerpo.

   ....

   ....

   ....

2. **Cualidades intelectuales:** todas esas cualidades que tienen que ver con lo mental. Tal vez se te da bien el arte, te apasiona la música, desbordas creatividad o quizás eres brillante resolviendo los problemas de tus amigos con sus ligues de Tinder. El caso es que seas consciente de tu potencial.

   ....

   ....

   ....

3. **Cualidades respecto a valores:** ¿de qué valores sientes orgullo a nivel personal?, ¿cuál es tu manera de percibir el mundo?, ¿en qué te consideras una persona comprometida?, ¿cuáles son las opiniones con las que te sientes a gusto?

....
....
....

4. Cualidades emocionales: puedes valorar cómo eres a nivel emocional, pero desde el cariño y el respeto. Recuerda que sentir con intensidad es bonito. Puede que seas una persona empática, que te emocione ver una peli o escuchar una canción. Quizás se te da genial expresar lo que sientes.

....
....
....

5. Cualidades sociales: nombra todas aquellas cualidades positivas que tienes a la hora de relacionarte con los demás. El ámbito social incluye a tu familia, amistades, personas conocidas, compañeros del trabajo y la persona que te atiende en el supermercado.

....
....
....

Realizar este ejercicio puede resultarte difícil si desde pequeño te han juzgado por hablarte bien y decir todo lo bonito que tienes. Ahora ponte delante de un espejo y mírate, como si te estuvieras dirigiendo a la persona que se encuentra al otro lado. A menudo es más fácil hablar a esa persona que a ti directamente. **Lee a esa persona todas las cualidades que has escrito en el listado.** Mientras lo haces, mira a los ojos a esa persona, haciéndolo desde el cariño. Despacio, vuelve a repetir el listado varias veces. Sé que este ejercicio resulta incómodo, pero inténtalo. No se trata de que te lo creas, sino de que tomes contacto con las sensaciones que te produce parar para tratarte bien. También puedes ir completando esta lista a medida que se te vayan ocurriendo más cualidades valiosas en el futuro.

A continuación, **realiza un listado con todos los logros que has conseguido en tu vida.** Tendemos a pensar que lo importante son los grandes logros, esa *checklist* que la sociedad te exige, pero no me refiero a esos (por supuesto, puedes ponerlos). Si te has sacado una carrera es que eres inteligente, así que ponlo con gran orgullo. Pero si se te daba fatal cocinar y un día hiciste una tortilla de patatas capaz de resucitar a un muerto, ponlo también. Me gustaría que al menos pongas diez y, a partir de ahí, sin límites.

....

....

....

....

....

....

....

....

....

Una vez completados ambos listados, el de cualidades y el de logros, puedes comenzar a dibujar tu árbol de autoestima. En un folio, dibuja un árbol lo más grande, bonito y detallado que puedas. Da igual cómo dibujes, es tu árbol y solo por eso es especial. Tiene que incluir las raíces, el tronco y la copa. **Este árbol será una representación simbólica de ti.** Coloca todas las cualidades positivas que escribiste en las raíces de tu árbol. Puede haber raíces más gruesas o más finas, dependiendo del peso que esas cualidades puedan tener para ti. Ahora, en el tronco, escribe una frase que te represente. Es como una forma de vida, algo que te guíe o un valor que es importante para ti. Puedes haberla leído en un libro, escuchado en una serie o en un post de Instagram. Lo importante es que puedas identificarte con ella. Por último, sitúa en la copa una serie de flores o frutos donde irás colocando todos los logros que has puesto en el segundo listado. **Cuando ya lo hayas acabado, contémplalo durante unos minutos, reflexionando sobre él.** Es posible que nunca antes hayas visto de una manera tan gráfica la cantidad de cualidades positivas que tienes y los logros que has conseguido a lo largo de tu vida. Este es un ejercicio que suelo hacer con mis pacientes en consulta y resulta emocionante verlo. Y si te apetece puedes compartirlo conmigo en redes sociales (@davidgomezpsicologo).

PSICOCLAVES

- La autoestima no ocurre en el vacío ni brota cual cota dentro de ti, sino que es la valoración del conjunto de comportamientos relativamente estables ante un contexto determinado, que se han ido modelando por tu historia de aprendizaje.
- El problema de las etiquetas es que se integran tan dentro de ti que llegas a comportarte de manera inflexible basándote en ese autoconcepto que normalmente es impuesto.
- La autoexigencia implica estándares inalcanzables, rígidos, culpabilizadores y basados en el autocastigo. La autocompasión implica concederte la más bonita de las palabras y el más calentito de los abrazos.
- Tu amor propio florece con palabras amables y compasivas. Por eso es tan importante que te hables como si lo hicieras con la persona que más quieres en el mundo. Trátate con el cariño y respeto que mereces.
- Autocuidado no es solo darse un baño relajante o acariciar un gatito, sino que incluye una serie de conductas como tejer una red de personas bonitas que forman parte de tu lugar seguro y mandar a pastar a esas personas que no le vienen bien a tu vida.

6

COMPARTIENDO CAMINO: LAS RELACIONES AFECTIVAS

«El amor jamás reclama posesiones,
sino que da libertad.»

Rabindranath Tagore

PRÓXIMA PARADA: UN AMOR SANO Y BONITO

Para comenzar este capítulo te presento la historia de Aroa, que llega a mi consulta y me cuenta, entre lágrimas, que ya no sabe quién es. A sus 30 años, sentada en la butaca frente a mí, me dice que se siente perdida y atrapada en un laberinto, sobre todo en su relación de pareja, la cual comenzó de manera idílica mediante un flechazo tan intenso como ese calambre que te atraviesa de la coronilla al dedo gordo del pie.

Él era el chico más guapo de la universidad y se había granjeado la fama de ligón. Ella, que a pesar de que se percibía como una persona con una autoestima más sólida que el adamantium, había tenido muy mala suerte con los chicos y estaba llena de cicatrices resultado de sus heridas de la infancia.

Así había comenzado el romance, pero un tiempo después las cosas habían ido complicándose y él había empezado a tener actitudes como un excesivo control cuando ella salía, enviándole mensajes cuando ella estaba con sus amigos del tipo «Hace rato que no me dices nada, estoy preocupado»; celos, de repente todos sus amigos querían ligar con ella; reclamos del tipo «Si me quisieras lo harías por mí», por no hablar de hacer luz de gas, desaparecer sin decir nada o dejarle de hablar durante días si se enfadaba. También habían surgido algunas situaciones de una cierta agresividad acompañadas de frases del estilo «¡Mira cómo me has hecho poner!» para luego aparecer con unas flores tratando de arreglar la situación.

Teniendo en cuenta todo esto, era de esperar que Aroa hubiera llegado a la situación que me cuenta ahora, sentada en mi consulta. Nada de lo que me explica tiene que ver con ese amor con el que ella soñaba. Ahora, cuando se mira al espejo ve a una persona de ojos tristes y corazón ansioso. Está completamente diluida en el amor y mantiene una lucha constante contra la realidad intentando que todo vuelva a ser como al principio. Para eso, vive mendigando atención y cariño y tiene un miedo atroz a quedarse sola.

«Mi relación comenzó como un cuento de hadas y se convirtió en una pesadilla», me dice, y cuando yo le pregunto en qué la puedo ayudar, me responde que solamente quiere dejar de sufrir por amor.

Somos seres sociales y desde que nacemos estamos permanentemente relacionándonos con los demás. Según abrimos los ojos nos encontramos con nuestras primeras figuras de apego: nuestros padres. **A partir de ahí, vamos estableciendo vínculos con amigos, profesores, compañeros de trabajo, parejas, etc.,** y es justamente en estas últimas en las que me voy a centrar en el presente capítulo, aunque casi todo lo que voy a explicar también es aplicable al resto de vínculos.

Voy a comenzar contándote todo lo que la sociedad espera de ti, porque sí, ahí fuera esperan que sigas un «camino social alquitranado» como dijo Extremoduro en su canción «Ama, ama, ama y ensancha el alma».

Este camino puede tomar diferentes formas, pero parece que uno de los más habituales y aceptados socialmente es formar el nidito de amor, la boda, la hipoteca y la familia con el firme compromiso de no salirte del camino de la monogamia, la convivencia, el matrimonio y la crianza. Y pobre de ti como decidas no vivir bajo esta ordenanza social.

La existencia de esta escalera social es probable que la notes en la cena de Nochebuena cuando comiencen a preguntarte, sobre todo si tienes más de 30 años y eres mujer, por qué no tienes pareja. **Es como si la vida estuviera diseñada para que vayas haciendo un camino sin desviarte,** y si eres una persona sin pareja es muy probable que te tengas que enfrentar a situaciones como que te empiecen a presentar gente, que te cueste hacer planes con tus amigos que sí la tienen, que te pongan en la mesa de los solteros cuando te invitan a una boda (parece que no te pueden mezclar con el resto), y ya ni hablar de alquileres e hipotecas, que son una utopía para una persona sola.

Ni hablar de cuando en tu grupo de amigos empiezan a tener hijos. En ese momento parece que desaparece cualquier otro tema de conversación que no incluya pañales, biberones y modelos de sillas de bebé. Y ahí estás tú, con Tinder abierto pensando que por qué las demás personas sí y tú no, echándote la culpa y deslizando perfiles con ansia.

Antes de continuar, quiero aclarar que no estoy diciendo que la escalera social sea negativa, sino que cada persona tiene derecho a vivir conforme a sus valores, inquietudes, anhelos y metas. La existencia de un modelo imperante puede suponer un problema cuando es la urgencia (y no el deseo) la que lleva a muchas personas a seguir estos pasos. Cuando nos fuerzan a hacer cualquier cosa porque es lo que hay que hacer, tarde o temprano esto trae complicaciones, como sentirte incapaz de disfrutar de la vida o simplemente sentirte mal sin saber muy bien por qué.

De hecho, muchas veces ocurre que anteponemos el amor a nuestras necesidades y nos diluimos, ya sea para conseguir tener un vínculo o para sostenerlo, quedando atrapados en un castillo mágico Disney lleno de ilusiones, enamorándonos de alguien que es incompatible con nosotros y nuestros valores, únicamente con el fin de no estar solos. Con la única intención de **huir de la soledad, ponemos en riesgo nuestro equilibrio emocional.** Esto aplica también si no eres capaz de soltar una relación que no va a ningún lado.

Pero ¿qué es lo que te hace iniciar una relación de pareja?, ¿cómo te enamoras?, ¿qué son las mariposas?, ¿y el amor?, ¿por qué te atrae un perfil y no otro?, ¿por qué no logras desprenderte de un vínculo que no funciona?, **¿por qué sufres tanto por amor?**, ¿qué es una relación sana?, ¿y una de estas que ahora todo el mundo denomina tóxicas?, ¿qué es lo verdaderamente importante para ti en una relación?, ¿cómo puedes saber si tu actual relación de pareja está bien?, ¿qué puedes hacer si te sientes sola y presionada para echarte pareja?, ¿qué es la responsabilidad afectiva?, ¿por qué te aferras a una relación que no funciona?

Uno de los objetivos de este capítulo es que reflexiones sobre los vínculos de pareja para que puedas tener uno que sea sano y enriquecedor, y no uno porque es lo que se espera de ti. Para esto, voy a comenzar por intentar definir, de manera clara y concisa, algo tan complejo como qué es el amor, un sentimiento que es parte de la historia de la humanidad desde sus orígenes. Así que voy a invocar a trovadores y poetas.

¿QUÉ ES EL AMOR?

A lo largo de la historia, la humanidad ha intentado definir una de las fuerzas motrices más potentes que nos mueven: el amor. Desde los filósofos griegos hasta los reguetoneros actuales, pasando por trovadores en la Edad Media e ilustrados en el Renacimiento, **se ha hablado muchísimo sobre el amor. No sé yo si con más o menos éxito.**

Comencemos con los recursos que tenemos más a mano. Si nos vamos a Wikipedia, nos encontramos que dice que «el amor es un concepto universal relativo a la afinidad o armonía entre seres, definido de diversas formas según las diferentes ideologías y puntos de vista». En el caso de la Real Academia Española, nos devuelve muchísimas definiciones. La primera de ellas dice: «sentimiento intenso del ser humano que, partiendo de su propia insuficiencia, necesita y busca el encuentro y unión con otro ser». La segunda recoge que el amor es «un sentimiento hacia otra persona que naturalmente nos atrae y que, procurando reciprocidad en el deseo de unión, nos completa, alegra y da energía para convivir, comunicarnos y crear». Es curioso, pero en las dos definiciones de la RAE, que recoge los usos más habituales del lenguaje, se hace referencia a uno de los mitos más arraigados en la sociedad y que desarrollaré después: el de la media naranja. Si consultamos un manual de biología encontraremos que habla de «enamoramiento» como un desequilibrio en la neurotransmisión cerebral.

Pero ¿qué nos dice la psicología sobre el amor? Depende, así que me lo voy a explicar. **Si entendemos el amor como un sentimiento,** para la psicología estaríamos hablamos de una emoción que se produce en el contexto de la atracción interpersonal y cuya función es la vinculación entre dos personas (dependiendo del patrón relacional). **Si hablamos del amor como comportamiento,** estaríamos hablando del intercambio de reforzamiento positivo entre dos personas que se atraen (a varios niveles) y que quieren estar juntas (sea esta tarde o toda la vida). Pero falta una muy importante. Para ello quiero que veas la siguiente imagen.

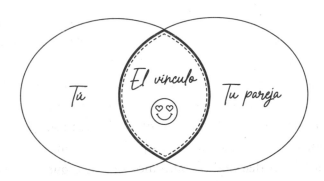

Esta imagen representa la importancia del contexto, que te puede otorgar una visión más amplia sobre el amor y las relaciones afectivas. Bajo este paradigma, **el amor es un espacio compartido y libremente elegido en el que dos personas intercambian una serie de conductas cuya función es el bienestar propio y de la pareja.** Este espacio incluye valores, admiración, atracción, seguridad y confianza.

En ese contexto, la respuesta emocional que llamamos amor incluye una serie de sensaciones físicas asociadas a la tranquilidad y al bienestar, unos pensamientos y creencias libres de mitos y sesgos, y unas conductas de intimidad y seguridad. **En el vínculo, dos personas individuales y completas con historias de aprendizaje diferentes comparten una parte del camino,** dure este un día o diez años. Un espacio para encontrarse, complementarse y potenciarse, no para perderse, anularse o destruirse. Y en el que, a pesar de recorrer esa parte del camino de la mano con alguien, te sientes más libre que nunca.

....

**Como dijo Alejandro Sanz,
el amor es algo de lo que todo el mundo habla,
pero nadie sabe lo que es.**

....

Desde mi punto de vista, el amor es libre. Y cada persona lo tiene que vivir a su manera. Solo hay una condición que debe estar por encima de todo. Que sea sano. He escuchado a varios cantantes que el amor es eterno. Pero, si me lo permiten los artistas, yo diría que **el amor es eterno mientras se mantenga sano.** En el momento en el que ya no es sano, no es amor, es otra cosa.

Hay una frase de Rabindranath Tagore, premio Nobel de Literatura en 1913, que dice: «**El amor es como las mariposas, si tratas de alcanzarlas desesperadamente se alejan, pero si te quedas quieto, se posan sobre ti**». Y es que en no pocas ocasiones nos vinculamos desde la urgencia de tener a alguien al lado o la necesidad de escapar de la soledad. No soportamos la presión social a la que nos someten para tener pareja y nos embarramos en vínculos en los que estamos por estar, como si nos estuviéramos forzando: «No es lo que realmente quiero, pero es lo que hay», nos decimos. Por eso resulta necesario cambiar el modelo para vincularse desde la tranquilidad y poder construir el vínculo que realmente quieres.

Hace un tiempo pedí a las personas que me siguen en Instagram que definieran qué era el amor. Me llegaron cientos de respuestas. Algunas de ellas fueron: calma, felicidad, complicidad, comprensión, tranquilidad, fidelidad, lealtad, confianza, respeto, empatía, amistad, equipo, paz, comunicación, cuidar, protección, acompañamiento, validación, risas, hogar, construcción, apoyo, compartir, libertad, atención, tolerancia, proyecto común, valores, diálogo, realización, serenidad y conexión.

Así leído da la sensación de que las personas tenemos claro lo que es y no es el amor. Lo que funciona y lo que no. Lo que queremos y necesitamos, y lo que no. Sin embargo, parece que no siempre actuamos con coherencia respecto a lo que entendemos por amor y terminamos conformándonos con lo que tenemos o viviendo una relación que tiene de todo menos amor, instalados en una discrepancia entre lo que nos gustaría que fuera y lo que realmente es. Por ejemplo, tenemos claro que **amor es... ¡cariño!, pero muchas veces cuando reflexionamos y examinamos el vínculo nos damos cuenta de que ese cariño ya no existe.** Resulta que lo tenemos que mendigar.

También me llegaron respuestas como «el amor es... difícil». Y es cierto, **el amor es algo complicado, complejo y arriesgado. Eso no es malo porque nos señala que el amor hay que trabajarlo.** Nos motiva para ocuparnos del vínculo y hacer que sea lo mejor posible el tiempo que dure, porque no es cierto que «el amor lo puede todo», como si fuera un ente flotante que nada tiene que ver con nuestros actos.

También recibí respuestas del tipo: «es... incondicional». Y sobre esto, y respetando la opinión de la persona que se tomó su tiempo para compartirlo conmigo (gracias, amiga), debo decir que en este caso es un rotundo no. El amor no es incondicional. **No podemos embarcarnos en un vínculo afectivo sin condiciones porque el golpe que nos vamos a pegar va a ser épico.**

El amor, una relación de pareja o un vínculo afectivo, sea uno en el que estás conociendo a alguien o uno en el que has formado una familia con tu pareja después de 10 años, tiene que tener condiciones, no puede ser un cheque en blanco. **Las condiciones proporcionan equilibrio, acuerdos, límites y un contexto seguro en el que no perdernos.** Yo te amo, pero con estas condiciones. Tú me amas, pero con tus condiciones. Busquemos un espacio compartido donde podamos desarrollarnos juntos.

Una paciente con la que estuve trabajando en el momento de escribir este libro respondió a la pregunta con un: «El amor es mi sufrimiento y mi pozo». ¿Sabéis quién es? Es Aroa, la protagonista de la historia que te he contado al empezar el capítulo (nombre cambiado por confidencialidad).

Llevo muchos años ejerciendo la psicología en mi clínica y he ido especializándome en relaciones afectivas. Cada una de las historias de dolor y sufrimiento que he ido escuchando se han llevado un trocito de mi corazón. Ahora mismo, Aroa está tomando las riendas de su vida poco a poco, y ha logrado salir de ese pozo estableciendo una saludable huelga afectiva para poder reconstruirse. Llegado el momento, se podrá permitir tener una relación sana gracias a que su mochila estará, para entonces, llena de herramientas. Aroa pasó de «el amor… mi sufrimiento y mi pozo» a «el amor es… la sensación de estar tranquila y sentirme libre». Si te preguntas cómo, sigue leyendo.

A lo largo del libro he ido desmitificando ciertos conceptos fuertemente arraigados a la cultura popular, que actúan como reglas de conducta que acaban haciéndonos sufrir. Ahora, vamos a «meterle mano» al amor…

MITOLOGÍA ROMÁNTICA

¿Por qué nos gustan tanto los romances?, ¿por qué de un libro o de una película lo que más nos engancha es la trama de amor que se desarrolla entre los protagonistas?, ¿por qué los escritores las añaden a casi cualquier historia? Estas preguntas se las hizo Brandon Sanderson, uno de los mejores escritores de fantasía que existen, a sus alumnos durante una de sus clases. Las respuestas fueron muchas, entre ellas destacan algunas tan interesantes como que el romance da esperanza a las personas que somos del montón, porque nos conecta con nuestros deseos y anhelos más profundos. Sabemos que da igual lo que pase, al final terminarán juntos (al menos, en la mayoría de los casos).

Si pensamos en otra temática, como por ejemplo las películas de superhéroes, lo que compartimos **con alguien como Superman es una de las características más humanas que existen: la capacidad de amar.**

Y ya que estamos hablando de novelas, historias, cultura e imaginario colectivo, voy a sacar mi ouija para invocar a Romeo y Julieta para reflexionar un instante sobre **el poder de atracción que tienen los amores imposibles, en los que todo el contexto está en contra. Un amor tan intenso que lleva a sus protagonistas a cometer auténticas locuras** y que nos venden como el mayor acto que existe: quitarse la vida por amor. Un amor supuestamente puro, inmaterial y eterno. De esta forma, el amor es preservado por encima de ellos mismos.

No voy a extenderme mucho con los mitos del amor romántico porque ya hay tropecientos libros y publicaciones sobre este tema, pero sí que daré cinco ejemplos (y uno extra), que me gustaría que leyeras con atención y con la apertura suficiente para que una semillita pueda empezar a germinar en tu cabeza y te haga replantearte ciertas cosas.

El amor puede con todo

Aaron Beck, uno de los más influyentes psicólogos cognitivos de la historia, escribió un libro que tiene uno de los títulos más potentes que he visto: *Con el amor no basta*. Y es que el amor puede ser condición necesaria para iniciar o permanecer en un vínculo, pero no puede ser suficiente. Para empezar, **el amor no puede estar por encima de ti, de**

tus valores y de tu sufrimiento. Joaquín Sabina cantaba «amor se llama el juego en el que un par de ciegos juegan a hacerse daño», y eso es lo que sucede cuando iniciamos un vínculo con el amor como única guía. Lo cierto es que en las relaciones donde sufres o de maltrato este mito se presenta en su máxima expresión. Todo lo malo queda diluido en nombre del amor y escuchamos frases del tipo «Es que en el fondo nos queremos». Eso no es así, el amor no puede justificar nada que te haga daño.

La media naranja

O la media langosta, como decía Phoebe en *Friends*. Este mito del comediógrafo Aristófanes fue recogido por Platón en su obra *El banquete*, hace unos 2500 años allá en la antigua Grecia. Ya ves que los malditos mitos son más resistentes que los restos de unos macarrones con tomate en un túper. En esta historia, las personas son unos seres redonditos (como naranjas) y cuasiperfectos con cuatro piernas, cuatro brazos y un cabezón con dos caras mirando en direcciones opuestas. Se creían superiores incluso a los mismos dioses y hasta osaron desafiarlos. Zeus, que tenía un manejo de la ira regular, ordenó partirlos en dos con un rayo, así que estos seres, ahora mitades incompletas e imperfectas, pasaron el resto de sus vidas buscando a su otra mitad para poder volver a ser perfectos. Menudo historión, ¿verdad? Pero no hay que dejarse engañar por su mensaje, aunque haya logrado sobrevivir hasta nuestros días. **Realmente no existe la persona «de tu vida», nadie te completa, sino que existen «personas en tu vida».** Existen una o varias personas que te acompañan, no que te completan. Nadie está incompleto por no tener pareja.

En el amor hay que sufrir

Es evidente que si consideramos que el amor está por encima de todo creamos que hay que pagar peaje, incluso si nos genera sufrimiento. Es como si socialmente se considerara mejor una relación que no funciona que el horror de la soltería. Tal vez te hayan transmitido esta idea alguna vez con frasecitas del tipo: «si en el fondo os queréis», «dale otra oportunidad, te ha engañado otra vez, pero se nota que se ha arrepentido», o «tenéis que luchar, que lleváis mucho tiempo juntos». Parece que es preferible ese malestar conocido que la incertidumbre por conocer. Y, ojo, es cierto que en el amor no todo es fácil, pero en ningún caso debería implicar sufrimiento. **Pues no, quien bien te quiere no te hará llorar.** El amor puede hacerte llorar, sí, pero de la emoción que te ha producido el plato de croquetas que te acaba de preparar tu pareja.

Los polos opuestos se atraen

Las personas no somos imanes, y si bien es verdad que lo diferente, al principio, por su cualidad de estímulo novedoso, produce el fenómeno de sensibilización y nos engancha, lo cierto es que luego es probable que te termine molestando. Esto se ve mucho cuando conectamos con alguien que nos invita a hacer cosas que nos resultan novedosas y diferentes (fenómeno de sensibilización). Al principio nos encanta y estamos con la cabeza en las nubes, pero posteriormente la novedad dejará de ser atractiva (fenómeno de habituación). **En un vínculo, los polos opuestos lo que van a hacer es batallar y matar el amor.** Si por tu estilo de comunicación necesitas hablar inmediatamente del problema y tu pareja se larga evitando el conflicto, habrá problemas. Si tú eres como un oso amoroso y tu pareja tiene la expresión emocional de un puerro, encontrar el equilibrio será complicado. Si existen diferencias en cuanto a valores fundamentales, o estáis en etapas vitales distintas y difícilmente compatibles, es más que esperable que el vínculo se vaya rompiendo, porque el inexorable paso del tiempo irá disminuyendo el impacto de lo positivo del principio, dando la oportunidad a esas diferencias para que entren como el agua en una presa recién abierta.

La pasión y las mariposas tienen que durar para siempre.

No, ¡y menos mal! Cuando te embarcas en una relación, quieres que dure para siempre y que sea como al principio, pero cuando desaparece ese artificio es cuando nos encontramos a la persona de verdad.

Las mariposas están absolutamente sobrevaloradas. **Nos han vendido que lo importante de una relación es el subidón del principio, pero lo realmente bonito es la tranquilidad de después.** Enamora la personalidad. Respecto a la pasión, imagina que hago sonar delante de ti una bocina de barco. Menudo salto pegarías. Pero si la hago sonar cien veces, deja de provocar la misma respuesta que al principio. A esto se le conoce como habituación. Pues lo mismo sucede en una relación de pareja. Es normal que, pasado un tiempo, la pasión disminuya y se estabilice. Ahora, la pareja tiene que empezar a adaptarse juntos a esta nueva situación.

Extra: Si estás con alguien no puedes sentir atracción por otra persona

Es lógico que si creemos que existe una «media naranja» también pensemos que una vez enamorados no deberíamos sentir atracción por nadie más, y que si esto sucede es que tu relación va mal. Nada más lejos de la realidad. **Es absolutamente normal sentir atracción por otras personas teniendo pareja,** y eso no dice nada del estado de tu relación, solo indica que eres una persona con ojos. El hecho de que estés genial con tu *caripú* no hace al resto de la humanidad menos atractiva ni anula la capacidad psicológica y emocional de sentir atracción y deseo.

¿Por qué vivir envueltos en los mitos del amor romántico es un problema? Porque son inflexibles, dirigen tu conducta y te dicen cómo tienes que pensar y sentir; y bajo su mandato dictatorial, vives relaciones que no funcionan, priorizas a la pareja por encima de ti, dejas toda tu vida por amor y hasta normalizas el sufrimiento en una relación de pareja. No es casualidad que más de la mitad de las demandas de terapia psicológica se produzcan por problemas y sufrimiento en el contexto de las relaciones afectivas. Nos han fastidiado con semejantes premisas.

De ahí surge la necesidad del realismo saludable. No te preocupes, que tu vínculo no va a ser menos romántico por ello. **En una relación sana, el romanticismo no está flotando como un ente que tira de la pareja, sino que es el nombre que le ponemos a una serie de conductas que hay que trabajar de manera conjunta.**

Los mitos del amor romántico son irreales y normalmente nos llevan por el camino de la amargura. Vive las relaciones como quieras, puedas o necesites, pero por favor, que sean sanas. Creer que el amor podrá con todo, que te falta una mitad para completarte, que quien bien te quiere te hará llorar, que funcionará salir con alguien opuesto, que la pasión tiene que durar siempre y que si te atrae tu compañero de trabajo es que no quieres a tu pareja es el contexto verbal y cultural más efectivo para sufrir muchísimo. Todo esto actúa como variable importante para que te encuentres repitiendo los mismos patrones relacionales una y otra vez. Y de esto te hablo a continuación.

REPITIENDO PATRONES

El amor romántico actúa como catalizador y cimiento de un vínculo afectivo. Pero si está lleno de mitos más falsos que una moneda de chocolate, es normal que sintamos que repetimos los mismos patrones que no funcionan una y otra vez.

Y es que el amor romántico comienza con la socialización de género, de la que ya te he hablado en el primer capítulo y que atribuye (ejem, ejem, impone) a los hombres los roles de agresivos, seguros, valientes, malotes, seductores e inaccesibles, y a las mujeres los roles de emocionales, sensibles, pasivas (que tienen que ser conquistadas), sumisas, bellas eternas y hasta locas del moño. Solo tienes que fijarte en las diferencias que existen entre un grupo de adolescentes de chicos y uno de chicas y verás cómo se adecua a esto.

Llevo muchos años escuchando historias de las personas que me piden ayuda y te puedo asegurar que todas cumplen patrones muy similares. Todas estas influencias terminan haciendo que la mayoría vivamos más o menos las mismas historias de amor.

Historias de amor que toman la forma de esa primera relación en la que no sabemos ni por dónde nos da el aire porque todo lo que hemos aprendido sobre las relaciones proviene del cine y de los mitos. La historia del chico al que han socializado para ser el malote y tirarle fueguitos a medio Instagram que sale con la chica a la que han socializado para relacionarse de manera sumisa y con la intención de salvarle. La historia de volver una y otra vez con la expareja, anclada a esa esperanza de que la relación pueda funcionar de una vez. La historia de tener pareja para escapar de una soledad que resulta aversiva. La historia en la que te conformas con lo primero que aparece porque vas enlazando una relación con otra. La historia en la que te lo prometieron todo, pero en cuanto obtuvieron de ti lo que querían te dejaron sin nada (bueno, sí, te dejaron sufriendo). La relación en la que resulta que la persona que estabas conociendo tenía pareja y te mantiene ahí con la esperanza de «voy a dejarlo todo por ti». La historia de amor en la que te pincharon el amor cuando te enteraste de que estaba con otras siete personas a la vez. La historia de una relación plagada de manipulación emocional en la que dejas de ser tú con tal de no perder el vínculo. La historia en la que te embarcas en una relación con la urgencia de no llegar a los 30 como una persona soltera.

Lo que sucede es que muy probablemente te termines hartando de repetir el mismo patrón y de sentir que, hagas lo que hagas, la historia se repite y termines por pensar que eres tú quien tiene un problema. Déjame decirte que no, que no te pasa nada. **Simplemente te han enseñado poco y mal sobre el amor y las relaciones.** De hecho, como ya he dicho, es muy frecuente que lleguen a mi consulta personas realmente maravillosas que me dicen que llevan tropecientas relaciones de m**rda, y que están firmemente convencidas de que tienen mala suerte en el amor y que siempre «les toca» el mismo tipo de persona. Lo que pretendo es que puedas romper ese patrón en el caso de que te identifiques con alguna de las historias anteriores o quieras dejar de repetir la tuya propia.

> **Sin cambiar tu patrón relacional, tenderás a repetir lo mismo una y otra vez y será como si te hubieran puesto una correa al cuello, lo único que cambia es quien tira de ella.**

Me gustaría que ahora examinaras tu propia historia. ¿En qué ambiente te has criado?, ¿qué cosas has tenido que vivir y has terminado normalizando?, ¿cómo se desarrollaron tus primeras interacciones afectivas? Quizás creciste en una familia cuyos padres estaban todo el día a la gresca («papá y mamá discuten mucho, pero se quieren»). Puede que el ambiente fuera invalidante emocionalmente hablando («no te quejes, que lo tienes todo y la vida no es solo reír»). Quizá creciste teniendo que ganarte el afecto o las necesidades básicas («cuando acabes de comerte la sopa, podrás salir a jugar con tus amiguitos») o te acostabas escuchando insultos de tus padres y te levantabas escuchando que nada había sucedido y estaba todo bien de nuevo y te criaste en la incertidumbre y el caos. Puede que recuerdes a tu madre, mujer entregada a tu padre, yendo detrás de él en un conflicto para intentar arreglarlo. Lo mismo te has criado en un ambiente con la figura paterna ausente e inaccesible. O vivías en un perpetuo miedo a que tu familia se rompiera.

Y todo esto ha sido a lo que te has habituado y has normalizado. Es el contexto en el que te has desarrollado. **La manera en la que te enseñaron a relacionarte es la que utilizarás contigo, con los demás y con el mundo, y condiciona las relaciones que estableces como persona adulta.**

¿Recuerdas el caballito de mar de barro del capítulo 1? Ahora repites cualquiera de esos patrones y romper con ellos, salir de ahí y mandar a tomar viento da mucho miedo. Es algo que resulta complicado y costoso porque las personas somos animales de costumbres, rutinas y hábitos. Así que salir a explorar otras maneras de conocer a alguien y relacionarse puede resultar extraño y ajeno.

En el capítulo 3 dedicado a los pensamientos has podido tomar contacto sobre cómo funciona fusionarse con tus reglas verbales. Mediante esta fusión cognitiva, **estableces relaciones basadas en los mitos del amor romántico y los repites como mantras.** Estaría muy bien que te tomases un ratito para reflexionar sobre todo lo que has aprendido a lo largo de tu historia sobre relaciones afectivas. Podrías hacer un listado de las relaciones que has tenido y establecer uno o dos patrones que puedas identificar; examina todas las creencias que has creído a pies juntillas y reflexiona sobre qué te gustaría cambiar para dejar de repetir ese patrón.

Antes de continuar, déjame decirte que voy a tratar de mostrarte el camino para que aprendas a vincularte de otra manera, independientemente de cómo esté tu autoestima, de lo que te haya sucedido en la vida o de lo mal que hayan salido tus relaciones, porque **te mereces que te quieran bonito.**

Y en este camino parece que sí o sí tiene que haber unos coloridos y pequeños seres alados que solemos sentir en el estómago y en quienes confiamos ciegamente para embarcarnos en una relación afectiva. Te hablo de ellos a continuación.

LAS MARIPOSILLAS DEL INICIO, ¿SON INDISPENSABLES?

Eso que supuestamente deberías sentir cuando tienes a esa persona aparentemente especial delante de ti puede condicionarte en tu manera de tener una cita, de conocer a alguien o de establecer vínculos, como si fuera el pasajero del bus del que hemos hablado antes, tomando el control de la situación. Ya he dicho antes que la cultura lo acapara todo. Como si alguien hubiera roto un frasco del más intenso de los perfumes en una habitación y toda la estancia estuviera impregnada de su contenido. La intensidad del aroma nos envuelve y no nos permite oler el resto de estímulos con claridad. Y así, embriagados de ese olor, somos incapaces de percibir la gran cantidad de matices que son necesarios en la construcción (o descarte) de un vínculo.

Cuando alguna vez he dicho en mis cuentas de divulgación que las mariposas están sobrevaloradas, que hay que ahogarlas en tu bebida favorita y que lo mismo son ansiedad o hambre, se me ha acusado de poco romántico y de robot. Y que conste que lo entiendo. Así que ahora que dispongo de este espacio, voy a tratar de explicarlo más claramente para que entendáis mi perspectiva sobre las famosas mariposas y por qué es posible vincularse de otra manera que no las involucre en el proceso (o al menos que no les permita tomar el control absoluto).

Del mismo modo que se tiende a señalar (erróneamente) al cerebro para explicar nuestra conducta, **a las mariposillas se les ha otorgado el mismo estatus respecto al amor y a las relaciones.** La hipótesis biológica dice que se produce una especie de chute de yonki que hace que te enganches a la persona amada. Pero hemos aprendido en este libro que no somos meros seres biológicos sino biopsicosociales, ¿verdad? Además, las mariposas no explican nada, sino que son lo que tiene que ser explicado (para no caer en la reificación o explicación tautológica).

A lo largo de la historia, filósofos, poetas, trovadores y hasta Paqui, la vecina del quinto, han hablado sobre ese sueño desmedido y esa pasión desgarradora que te atraviesa la patata: el enamoramiento. Algo así como una obsesión suprema hacia la persona amada.

Tanto si tienes ganas de conocer a alguien como si te has encerrado en una cueva durante mucho tiempo, cuando aparece una persona que cumple con una serie de cualidades que según tu historia son deseables, se va a producir una redirección de tus procesos atencionales hacia esa estimulación relevante. **Esto implica que esa persona se vuelva importante en tu funcionamiento psicológico y trae consigo dos cosas.** La primera es la incertidumbre, pues no tienes ni idea de qué va a pasar o de si lo que sientes va a ser correspondido. La segunda es la ausencia de control, porque muchas variables ya no van a depender de ti (puedes enviar un mensaje, pero no tienes el control de la respuesta, por ejemplo).

Ya hemos dicho que **la incertidumbre y la necesidad de control son dos de los núcleos de la ansiedad.** También has aprendido en el ámbito de las emociones que la parte cognitiva es muy importante en la respuesta emocional en cuanto a la interpretación de las sensaciones físicas, la cual está impregnada del contexto (del aroma del perfume).

Lo vemos con un ejemplo. Si sentir algo raro en el estómago y que se te acelere el corazón sucede justo antes de subirte a una montaña rusa, lo etiquetarás como subidón divertido. Si te ocurre en un centro comercial llenísimo de gente, lo etiquetarás como agobio y ansiedad. Y si sentir algo raro en el estómago y que se te acelere el corazón ocurre cuando estás conociendo a una persona que cumple con los requisitos adquiridos en tu historia (sin siquiera conocerla), lo etiquetarás como hermosas mariposas. Son las mismas sensaciones que interpretadas de manera diferente dependiendo del contexto en el que suceden.

Por eso digo que las mariposas suelen ser ansiedad, lo que no es malo *per se,* al fin y al cabo, estás sintiendo algo, **el problema viene cuando las mariposas toman el control absoluto y dirigen tu vida,** como en la metáfora del autobús. Y es que el amor lleva asociadas emociones: la ansiedad por conseguirlo, la tranquilidad cuando se estabiliza, el miedo de perderlo y la tristeza cuando se termina. Esto es el realismo saludable.

Conocer a la persona real y sin anestesia, o al menos intentarlo, es lo que nos va a prevenir de darnos de bruces con la persona real cuando salimos de la idealización. Esto no implica que no puedas enamorarte o sentir mariposas o comportarte de manera romántica, sino que no permitas que lo tiña todo de un color que luego destiña.

> **Tu vínculo afectivo puede ser el lugar al que siempre quieres volver o el incendio del que tienes que huir para no acabar quemándote.**

En consulta me encuentro muchísimas historias de personas que llevan años viviendo verdaderos cuentos de hadas (que siempre acaban mal) y que necesitan **aprender a vincularse desde uno de los sentimientos más bonitos que existen: la tranquilidad.** Pero cuando intentan hacerlo, dicen: es que no siento lo que debería sentir.

Es normal que esa persona que estás conociendo, sana y con valores, que te lo pone fácil y tiene responsabilidad afectiva, no te provoque mariposas, precisamente porque al ser una persona madura emocionalmente te ofrece un contexto tranquilo (sin ansiedad). Sin embargo, la persona emocionalmente no disponible y que se vincula contigo desde las estrategias de manipulación te provoca las más intensas de las mariposillas (o sea, ansiedad).

Con esto no pretendo demonizar a las mariposas ni invalidar lo que sientes, sino pasarlas bajo un filtro de realidad. **Muchas veces descartamos relaciones emocionalmente sanas y estables porque no nos provocan ese efecto «montaña rusa» por etiquetarlas como aburridas.**

Dentro de un contexto sano, para mí las verdaderas mariposas son la ilusión de ver a esa persona tras una semana complicada. La emoción de organizar el primer viaje juntos. Esa sensación en forma de cosquilleo de saberte importante para alguien. Las mariposas que dictan esos mensajes de buenas noches y de buenos días. Porque hay mariposas que colorean los días grises y que recorren paisajes en los que dos personas comparten un atardecer. A veces suenan como esa canción que escuchas en bucle porque te pega un subidón. Mariposas que llenan la mirada de ese brillo que ni el mejor de los *gloss*. Mariposas que huelen al mejor de los perfumes. Y saben a tu plato favorito. Que tienen la capacidad de mantener tu piel erizada. Las personas necesitamos realismo, pero también estamos hechas de ilusiones. Eso sí, no lo dejes todo en sus manos, que sentir es una cosa, pero construir un vínculo sano es otra.

El filósofo esloveno Slavoj Žižek sostiene que no nos enamoramos de las personas, sino de la imagen ideal y perfecta que nos hacemos de ellas. **Queremos a alguien idealizado y, cuando idealizamos el amor, ponemos en el otro todo lo que queremos ver.** Pero esta ilusión se acaba en algún momento y, cuando eso ocurre, nos topamos con alguien que no existe. ¡Pues claro! ¿Te enamoraste de la persona real o de la que metiste en el castillo mágico de las ilusiones? Normalmente, cuando te enamoras lo haces conociendo un 10 % de esa persona. El otro 90 % lo conforman todos tus anhelos, necesidades e ilusiones, rellenando las dudas con una proyección de lo que podría llegar a ser. Esto se activa cuando empiezas a conocer a alguien, una aventura de alto riesgo en la era posmoderna de la que te hablo a continuación.

CONOCER A ALGUIEN EN LOS TIEMPOS DE TINDER SORPRESA

¿Realmente han cambiado tanto las cosas?, ¿son las relaciones actuales líquidas como dice el sociólogo polaco Zygmunt Bauman?, ¿nos encontramos ante el fin del amor romántico como sostiene la escritora argentina Tamara Tenenbaum?, ¿es que ya no existen las relaciones como las de antes?, ¿tan prescindibles somos las personas?, ¿por qué nos duele tanto que nos deje el «casi algo»?, ¿por qué las relaciones actuales van de la mano de una serie de conductas como *ghosting, love bombing* o *gaslighting*? A continuación, voy a tratar de explicar qué es lo que está sucediendo.

Tendemos a pensar que los ideales y la cultura tradicionales han envejecido como el buen vino. Que cualquier tiempo pasado fue mejor y que las relaciones «como las de antes» eran las buenas. Pero la realidad es que las creencias del pasado tienden a envejecer como el pan de molde, les sale moho.

Asociada a ese añorado pasado tenemos la creencia de que las parejas de ahora no aguantan nada. Pero estas creencias ya hemos visto que construyen mitos vinculados al amor y la pareja, y no nos ayudan demasiado a la hora de generar relaciones sanas. Hay muchísimos ensayos posmodernos que intentan explicar cómo funcionan los vínculos en la actualidad, pero desde mi punto de vista, la esencia no ha cambiado. Las personas seguimos inmersas en esa búsqueda incesante por tener pareja. Las que ya la tienen, intentan mantenerla a cualquier precio y **las que no, ansían volver cuanto antes a ese estado «parejil» que les salve del horror de la soltería.**

Una relación de pareja, sea del patrón relacional que sea, se elige, y como tal se tiene que construir con el objetivo de que sea un vínculo sano y significativo. **Elegir implica también estar en libertad para modificar algo que no funciona en los términos que necesitamos y, si llega un momento en el que eso no es posible, soltar.** Porque ya hemos visto que sostener lo insostenible va drenando la salud mental.

Hoy en día, el contexto ha cambiado y existen herramientas tecnológicas, como las *apps* de citas que nos impulsan a generar vínculos de manera casi inmediata y de consumo rápido. Como si las personas fuéramos de usar y tirar. Esto hace que ciertas conductas como las que describiré a continuación proliferen y es importante que sepas distinguirlas para protegerte, ya que generan vínculos en los que vas a sufrir. Si logras escapar de ellas podrás, seguramente, tener un vínculo sano que te aporte bienestar a tu vida en lugar de conflicto y ansiedad.

Love bombing *(Bombardeo de amor)*

A nadie le amarga un dulce, ¿verdad? Pues imagina que te compran la fábrica de Willy Wonka. Eso acaba abrumando a cualquiera. **El** *love bombing* **es una estrategia de despliegue y conquista, en la que la parte interesada hará todo lo posible para conseguir que caigas en sus redes.** Con ese objetivo en mente, utilizará todos los recursos de los que disponga, incluso métodos de película, para hacerte sentir una persona única y especial, satisfaciendo todas tus necesidades. Es decir, te someterá a un bombardeo constante de reforzamiento positivo hasta lograr que tu corazón palpite y aplaudas con las orejas, y será justo en ese momento cuando comenzará el siguiente paso: el refuerzo intermitente.

Refuerzo intermitente

Una vez que ya estamos conquistadísimos y necesitados de ese bombardeo de amor (fase de adquisición) que nos hace sentir únicos y especiales, un día y sin venir a cuento, nos lo retiran. Por ejemplo, el primer mes te escribía todos los días y de repente comienza a escribirte cada dos días. Y tú, que ya te habías acostumbrado a ese chute diario, te quedas como un yonki con síndrome de abstinencia. **Esto, lógicamente, hace que entremos en un estado de ansiedad y preocupación («¿qué ha pasado?») e intentemos recuperar ese refuerzo positivo al que nos habíamos enganchado.**

Es decir, ha pasado de dártelo todo a que te conformes con las migajas. Unas migajas que te suelta cuando quiere y como quiere (fase de mantenimiento). ¿Sabes el típico vídeo de TikTok que te dice que no escribas a la persona de manera inmediata, sino que esperes al día siguiente para generar enganche? Pues esto es. Como un ratoncito en una jaula que se encuentra a merced de que el cruel investigador le administre su dosis. Además, te sitúa en un estado de incertidumbre en el que no sabes cuándo se te va a administrar esa adictiva dosis de refuerzo, de modo que tu atención deja de estar dirigida hacia tu vida para centrarse en esa persona casi de manera obsesiva.

Orbiting

Es el nombre que reciben una serie de conductas que pretenden mantenerte ahí pendiente a base de llamar tu atención de vez en cuando. El «orbitante» aparece cada cierto tiempo (puede ser una vez a la semana o tres veces al año en fechas señaladas), reacciona a una historia de Instagram o te envía un mensaje. **El objetivo no es otro que hacerte entrar en el juego, mantenerte ahí o seguir coleccionando trofeos reclamando atención.** Normalmente lo que ocurre es que, al intentar encontrar alguna explicación del por qué te contacta de nuevo, respondes y picas el anzuelo. Es importante que recuerdes que la cuestión no es descubrir para qué lo hace, de lo que se trata es de que no entres en ese juego, recurriendo para ello a la extinción de conducta, o lo que es lo mismo: ¡no responder! Si respondes es probable que todo vuelva a empezar.

Gaslighting *o luz de gas*

En este caso hablamos de un tipo de manipulación en la que la persona manipuladora busca ante cualquier situación parecer la víctima para hacerte sentir culpable (ya hemos visto lo que nos cuesta manejar la culpa). **¿Has tenido alguna vez la sensación, bien en pareja o bien conociendo a alguien, de que hicieras lo que hicieras la culpa era siempre tuya?** Pues esto es la luz de gas y es una de las mayores banderas rojas que existen, del tamaño de un rascacielos.

La luz de gas es la herramienta de manipulación emocional más devastadora para las víctimas de este tipo de abuso. Y es tan sutil al principio que es difícil de identificar. Por ejemplo, imagina que después de unos meses de estar conociendo a alguien, la persona desaparece y, como hace días que no sabes de ella, le escribes preguntándole qué pasa, por qué ha desaparecido. Lo que sucederá es que, además de recibir una correspondiente justificación, te dirá que no pasa nada, que no es para tanto y que esa intensidad le molesta. Al final, terminas tú pidiendo perdón y sintiéndote mal. Eso es exactamente el *gaslighting*.

Ghosting

Es un término que hace referencia a la conducta de cesar toda comunicación y contacto con una persona sin ninguna justificación, ignorando cualquier intento de comunicación.

Es la historia de cuando conoces a alguien, en general a través de una *app*, con quien surge mucha química. Tienes un par de citas, os acostáis y habláis de todo, hasta de hacer algún viajecito. Cañas, risas, excesos y ¡menudos besos! Todo parece avanzar bien y, de pronto, un día no reacciona a tu historia, ¡si antes te respondía a todo!, y tampoco te responde los mensajes. No quieres agobiar a nadie, así que decides esperar, y al ver que no hay respuesta te atreves a llamar por teléfono, pero nadie responde. En ese momento, la ansiedad te atraviesa como un rayo a una noche de verano. Añadimos a la coctelera la culpa, la vergüenza, el sentirse idiota y machacarse la autoestima con verbalizaciones horrorosas por no entender qué es lo que ha pasado.

Son muchas las razones que pueden llevar a una persona a desaparecer, puede que no le importe lo suficiente el vínculo, o que haya un déficit de habilidades sociales, ausencia de valores, ansiedad por afrontar una conversación para dejarlo, la intención de castigar a la otra persona o que simplemente se trate de alguien al que agitas y caen bellotas. Lo que sí te digo es que, si has sido víctima de *ghosting*, déjame abrazarte mucho porque se pasa muy mal.

Para poder manejarlo y aliviar un poquito el malestar, hay una serie de cosas que puedes hacer. La primera es hacer una atribución externa: tú no has hecho nada que justifique semejante canallada y no hay nada que hubieras podido hacer para evitarlo. Así que repite tantas veces como sea necesario que esa persona es [inserta aquí tu insulto favorito].

Acepta el malestar emocional que esta situación te provoca porque te va a acompañar un tiempecito. Ya has aprendido páginas atrás lo que es aceptar un estado emocional, así que tocará ponerlo en práctica. Trabaja la defusión de tus pensamientos, pues ya sabes que el hecho de que pienses algo no lo convierte en cierto y que puedes tomar distancia psicológica de ellos. Ah, muy importante: cuidado con escribir a esa persona mendigando explicaciones. Claro que te las mereces, todas las del mundo, pero las estarías buscando en el lugar inadecuado. Además, esto solo te ancla al pasado y no te permite avanzar. Intenta buscar argumentos tuyos por los que la relación no iba a funcionar (comenzando porque te ha hecho *ghosting* y eso implica que tiene la inteligencia emocional de un helecho). Háblate bien, eres la persona más bonita que conoces, en todos los sentidos y no te mereces estar con quien no te valora. Y, por último, cuidado con generalizar, no todo el mundo tiene por qué hacerte lo mismo. Siguen existiendo personas buenas y con unos valores bonitos que pueden ser compatibles contigo y proporcionarte la seguridad que necesitas.

Estas son las conductas que es necesario detectar para poder llegar a tener vínculos que sí valgan la pena. Pero ¿se puede aplicar algún tipo de filtro para distinguir cuanto antes a las personas bonitas de aquellas que te van a hacer daño? La respuesta corta es sí, detectando las señales que predicen un posible sufrimiento. La respuesta larga te la desarrollo en el siguiente epígrafe.

LAS BANDERAS ROJAS

Parece que tenemos relativamente claro lo que queremos y necesitamos a la hora de formar un vínculo afectivo sano. Lo mismo sucede para todo aquello que no queremos en una relación. Y, sin embargo, parece que la práctica no acompaña a la teoría porque, en realidad, somos emociones con patas y terminamos saltándonos banderas rojas repetidamente.

Por esto, me gustaría ayudarte a tomar consciencia de la importancia de no ignorar las banderas rojas cuando estés conociendo a alguien (y tampoco en una relación). **Muchas veces por apostarlo todo en el amor te saltas una bandera roja que te grita ¡¡¡SAL CORRIENDO!!!**

¿Por qué nos sucede esto? No existe una única causa o factor, porque ya hemos aprendido en este libro que cada viaje es único y depende de múltiples variables pertenecientes a cada persona. No obstante, suele haber algunos factores comunes y variables culturales que merecen ser destacados:

- La presión social para que consigas pareja.
- La idea de amor romántico del que ya hemos hablado.
- Las sensaciones asociadas al proceso de enamoramiento que hemos visto que pueden tomar el control, como si no pudieras resistirte y terminaras rindiéndote a ellas.
- Las ganas de vivir una historia Disney que te hace embarcarte en una amarga aventura.
- Que nunca hayas experimentado una relación sana y no sepas lo que es realmente el amor.
- Que tu estilo de apego te lleve a tender a la intranquilidad más que a la tranquilidad en las relaciones. Bienvenidos ansiedad y reforzamiento negativo en vena.
- Que te hayan enseñado a comportarte de forma sumisa, a complacer, a situar a la otra persona por encima de ti, a que te valides mediante tu pareja y a que te conformes con lo que te ha tocado en la vida.
- Que te atraiga lo difícil, complicado, complejo, misterioso, inalcanzable, o, dicho de otra forma: las personas que no están emocionalmente disponibles. Un patrón que nos hace creer que vamos a cambiar a la otra persona si nos esforzamos lo suficiente.

- El miedo a la soledad que nos insta a no quedarnos solos y a aferrarnos a lo primero que pasaba por allí. Activamos el automatismo de dejarnos llevar.

- La inseguridad, que hará que seas incapaz de poner límites, establecer acuerdos, tener conversaciones incómodas y priorizarte, de forma que te adaptas a tu pareja, tanto que terminas por no reconocerte. ¿Recuerdas la metáfora del autobús? En estos casos, son los miedos y las inseguridades quienes lo conducen.

- La presión del inexorable paso del tiempo que nos señala que estamos llegando tarde a alcanzar las metas impuestas por la escalera social. ¡Que se te pasa el arroz!, te dicen.

- El conformismo. Más vale lo malo conocido que lo bueno por conocer, pájaro en mano que ciento volando y cualquier otro refrán que se te ocurra.

Estas son algunas de las razones por las que podemos saltarnos las banderas rojas. Tener claro algo (nivel racional) no es lo mismo que tomar acción (nivel emocional). Es decir, puedes tener clarinete que la serpiente del terrario no te va a hacer nada (nivel racional) pero mejor que la coja tu prima la del pueblo (nivel emocional).

> **Recuerda que escuchando con apertura, validación, compasión y claridad tus emociones encontrarás la respuesta sobre el estado actual de tu vínculo afectivo.**

Supongo que alguna vez has estado en la playa. En España existe un código de banderas que nos indica el estado del mar. De manera muy resumida, una bandera verde ondeando bajo una suave brisa marina indica que puedes bañarte y disfrutar de todo lo que te ofrece la playita. Por el contrario, una bandera roja indica que el mar se encuentra en unas condiciones muy peligrosas para la integridad de las personas.

Conocidos estos códigos, imagina que vas al mar del norte porque es una zona que te encanta con muchas, qué digo muchas, muchísimas ganas de bañarte, chapotear en la orilla, nadar a través de las olas y hacer figuras cual atleta de natación sincronizada. Pero ves una bandera roja ondeando en la orilla y señalando el peligro. Y aunque es cierto que, como indica la bandera, el mar no tiene muy buena pinta, te dejas llevar por las ganas y te centras en los aspectos bonitos y positivos que tiene el mar que se abre ante ti. «Es que tengo muchas ganas», «es que menudas olas más apetecibles», «no está tan revuelto» y «sé nadar muy bien». Así que, ignorando las señales, te metes en el agua y sucede lo peor. **Tres días después te rescata salvamento marítimo.** Un drama, ¿verdad? Pues lo mismo sucede cuando te saltas una bandera roja a la hora de conocer a alguien.

Pero ¿qué es exactamente una bandera roja? Porque no es que este concepto forme parte del corpus teórico de psicología, sino que forma parte de la psicología científica. **Una bandera roja es una regla verbal que señala que, ante una conducta determinada de la otra persona, algo muy malo está por venir.** Te grita que alguien ha cruzado uno de tus límites y que, por lo tanto, no puedes permanecer ahí porque estarías abriendo la puerta al desastre y te estarías fallando a ti mismo. Indica que se está dando una conducta que etiqueta a la otra persona o al vínculo como «no sano» y por lo tanto «ahí no es». Es una señal muy potente. Una señal que dice «PROHIBIDO BAÑARSE». No una que dice «voy a meter los pinreles hasta los tobillos a ver qué pasa».

Unas cuantas páginas atrás has aprendido lo que son las reglas verbales y la conducta gobernada por reglas. **Una regla especifica una conducta y sus consecuencias.** Esta conducta gobernada por reglas puede darse porque alguien como yo te dice que el comportamiento X de esa persona es señal de toxicidad (expresado en términos muy coloquiales) o puede estar basada en tu historia de aprendizaje porque ya has vivido relaciones en las que has sufrido. En cualquiera de las dos situaciones, conviene hacer caso a la regla o bandera roja. Se están dando delante de ti las condiciones para engancharte, sufrir dependencia emocional, entregar tu autoestima o sufrir.

De lo que se trata es de trabajar esas autoreglas o banderas rojas e integrarlas en tu *yo*. También te he hablado varias páginas atrás sobre la importancia de tener un *yo* sólido y que no dependa en exceso de los demás. Porque si tienes una cita, y no tienes bien trabajadas las autoreglas o banderas rojas y eres muy sensible a la validación externa, no las detectarás ya que estarás demasiado pendiente de la validación de la otra persona.

Para ayudarte un poquito, te voy a ofrecer un listado de banderas rojas que debes tener en cuenta. Son muy generales, pero no deberían de existir en ningún tipo de vínculo si quieres que sea sano. Además de todas estas, puedes añadir las que consideres oportuno. **Estas son las que yo te propongo, pero me gustaría que parases la lectura, mirases dentro de ti y añadieras unas cuantas más.** Recuerda que son innegociables por ser tuyas.

En los primeros contactos:

- Que no trate bien a otras personas.
- Que te aplique estrategias de manipulación emocional.
- Que hable mal de sus ex (algún día, con suerte, tú también acabarás siéndolo).
- Que su manera de ser te quite libertad.
- Que solo hable de sí mismo.
- Que sea una persona machista.
- Que no te diga lo que quiere contigo y utilice la palabra fluir.
- Que se comporte de manera irresponsable o con inmadurez emocional.
- Que sientas que solo estás tirando tú del vínculo.
- Que muestra desinterés hacia ti.

Ya avanzado el vínculo o relación:

- Que te haga luz de gas.
- Que intente controlar o cambiar tu imagen diciendo que es «por tu bien».
- Que invalide lo que sientes o que diga que eres una persona demasiado intensa, dramática o exagerada.
- Que te castigue con la ley del hielo.
- Que te deje con la palabra en la boca en mitad de una conversación, diferencia de opinión, discusión o conflicto.
- Que amenace con dejarte ante cualquier desacuerdo.
- Que reaccione con ira (tirar algo, golpear una puerta…).
- Que sientas que te aísla de tu familia y de tus amistades, aunque a veces lo disfraza bajo un «con lo a gustito que estamos los dos en el sofá viendo Netflix».
- Que te humille, en privado o en público.
- Que sientas miedo a su lado, por ejemplo, a sus reacciones o a cómo se va a tomar las cosas.
- Que te haga chantaje emocional.
- Que se meta con tu físico y lo compare con el de otras personas supuestamente más atractivas.
- Que consientas mantener relaciones sexuales cuando realmente no querías.
- Que controle tus redes sociales, te mire el teléfono y que te pida constante información sobre dónde y con quién estás.
- Que te mienta.

Si se te ocurren más, puedes añadirlas y crear así una guía de conducta que te proteja de personas potencialmente dañinas. En una primera cita es normal que todo vaya de maravilla y que acabes con un pensamiento como «este es el amor de mi vida» revoloteando en tu cabeza, pero lo cierto es que no lo sabes. **No se puede conocer a una persona en una cita, ni en un mes, ni siquiera durante toda una relación.**

Muchas personas en consulta me dicen que su pareja actual, o la persona con la que han roto el vínculo, muestra conductas diferentes a las del principio y se preguntan por qué ha cambiado. La realidad es que no ha cambiado, la persona ya era así, pero el contexto erótico-festivo de conocer a alguien dificulta detectar unas banderas rojas que, aunque fuera de manera muy sutil, ya estaban allí.

Así que como si fuera tu propio manual de instrucciones, tómatelo a rajatabla y no te saltes ni una banderita roja, por muy pequeña que pueda parecerte. **Si te saltas una en nombre del amor, a quien estás fallando es a ti.** Sé que no es tan sencillo. Y que poner límites cuesta. Es probable que te tachen de exigente por ser coherente contigo mismo, y que la soledad puede parecer atemorizante. Pero te aseguro que es mucho peor estar con alguien que tiene conductas como las que te he señalado.

Por último, es importante recordar que las banderas rojas no tienen que ser puestas en una balanza para valorar si esa persona te conviene o no. No se trata de: «me han saltado tres banderas rojas, pero tiene cinco banderas verdes, con lo cual lo positivo gana». Recuerda la regla verbal de las banderas rojas: con una sola que veas, huye. Las balanzas para pesar los kiwis en la frutería.

De lo que se trata es de **comprender que una manera de ser coherente con tu amor propio o con un valor importante para ti es permanecer lejos de contextos que te van a revolcar** (y no en el buen sentido) como las olas de tres metros de una mar picada que tiene bandera roja. Todo esto es fundamental para que puedas aproximarte a uno de los objetivos de este libro: recorrer tu propio camino, uno en el que alguien pueda acompañarte mediante un vínculo bien construido para tener una relación emocionalmente sana. Vamos a verlo en el siguiente capítulo.

RELACIONES EMOCIONALMENTE SANAS

Subraya esta frase, por favor: te mereces vivir el más bonito de los vínculos afectivos. Quiero que sepas que me siento tremendamente orgulloso porque juntos hemos llegado a este punto a través de un viaje de autoconocimiento en el que has puesto el foco en ti, pero también en el contexto, indagando en tu historia de aprendizaje y aprendiendo algunas habilidades para regular tus emociones, lo cual es tremendamente complejo y más teniendo en cuenta lo difícil que te lo pone lo que te rodea.

El proceso de construcción de una relación sana es dinámico, como has podido ver en la mitología cultural romántica, en las maneras de conocer a alguien en la era de las *apps* de ligoteo, en la deconstrucción de las mariposillas que revolotean por tu epigastrio, en el análisis de los patrones de tus ex, en darle una vueltecita a la definición de amor y en las banderas rojas que ondean y a las que vas a hacer caso. Con semejantes bases, **llega el momento de elegir trabajar en una relación sana.**

¿Recuerdas la definición de amor? En su redacción he intentado recoger una buena parte de los aspectos que considero imprescindibles para que vivas una relación afectiva sana. Vamos a recordarla antes de entrar en materia: El amor es un espacio compartido y libremente elegido en el que dos personas intercambian una serie de conductas cuya función es el bienestar propio y de la pareja. Este espacio incluye valores compartidos, admiración, atracción, seguridad, compromiso y confianza. Incluye sensaciones físicas de tranquilidad y bienestar, pensamientos y creencias libres de mitos y sesgos, y conductas de intimidad, **donde dos personas individuales y completas, con historias de aprendizaje diferentes, comparten una parte del camino para complementarse y potenciarse y sentirse libres.**

En esta definición no he incluido la palabra sano porque eso tendría que venir ya de serie en el propio término de amor. Pero no es así, como ya hemos visto. Así que tomando como base esta extensa definición, voy a tratar de mostrarte qué es el amor sano o una relación emocionalmente sana.

Como dijo Irvin Yalom, catedrático de Psiquiatría en la Universidad Stanford y psicoterapeuta: «Amar significa estar activamente preocupado por la vida y el crecimiento del otro». Me parece una de las definiciones de amor más potentes que he visto a lo largo de toda mi carrera, mejor incluso que la mía (yo te maldigo, Irvin), aunque añadiría un «pero sin olvidarte de ti».

En las relaciones emocionalmente sanas puedes mostrarte vulnerable. La vulnerabilidad compartida es saberse protegido, porque te pase lo que te pase vas a encontrar unos brazos abiertos que conformen el más calentito de los refugios en invierno. Es decir, **amar es un conjunto de conductas o acciones que tienen como fin último que tu pareja crezca a tu lado. O que tu pareja te haga crecer a ti.** Lo contrario a esto no es amor, es una prisión. Y teniendo en cuenta que establecer un vínculo afectivo con alguien es una elección, resulta fundamental aprender a elegir bien. De ello va a depender tu salud y una parte de tu vida que, te aseguro, no vuelve. De verdad que es terrible hablar con personas en consulta a las que se les han ido 20 años de vida en un vínculo nocivo. 20 años que nadie va a devolverles.

Las relaciones emocionalmente sanas comienzan sin estrategias. Los rituales de cortejo llevan culturalmente asociados una serie de conductas y roles de género que resultan bastante problemáticos. Ellos los conquistadores y ellas las que tienen que ser conquistadas (no eres el Alcázar de Segovia). Se recurre al misterio, a no dar toda la información, a hacerse el inaccesible o a tratar de mantener el interés demorando unas horas la respuesta a ese wasap para que te enganches, en lugar de libremente seguir conociendo a esa persona. Esto tiene un problema en términos psicológicos.

Si tu cita se hace la misteriosa, tú tienes que completar la información que te falta de alguna manera y lo normal es que la completes idealizando (reforzamiento positivo). Si escribes a la persona que estás conociendo y no te responde durante unas horas (a propósito, no porque no pueda), vas a sentir ansiedad (que interpretarás como mariposas) y cuando te escriba te engancharás un poquito más (alivio de la incertidumbre / ansiedad = reforzamiento negativo). Internet y las redes sociales están llenas de una caterva de mercachifles que enseñan a la gente a vincularse de manera tóxica, haciendo un mal uso del reforzamiento intermitente.

Aunque más adelante hablaremos sobre la dependencia emocional, **en las relaciones emocionalmente sanas es importante trabajar para que el vínculo no se convierta en el centro de todo, y para ello es**

necesario cuidar y respetar tu propio espacio individual y el de tu pareja. Un vínculo debe concebirse como un espacio compartido y libremente elegido con parcelitas negociadas donde cada uno pueda seguir manteniendo su independencia (los jueves de pádel, los ratos de lectura y las salidas con tus amigos tienen que ser sagrados). Y es que el amor no necesita que seáis lapitas, ni vivirlo con una intensidad tal que parezca que te va a dar una embolia. Tampoco necesita sacrificio, porque para sorpresa de nadie el sacrificio era a cuenta solo de las mujeres, que terminaban perdidas en un camino de tonalidad grisácea. ¿Cuántas relaciones conoces en las que una amiga o amigo conoce a alguien nuevo y se vuelca tanto en esa persona que desaparece? Como si la amistad fuera el periodo de transición entre pareja y pareja.

**Tu pareja tiene que ser una parte importante
de tu vida, pero no la única.**

Las relaciones emocionalmente sanas son una red segura de confianza. Como el trapecista que se siente seguro haciendo sus acrobacias porque sabe que debajo tiene una red que transmite seguridad y confianza. **Es la confianza para ser tú de manera libre con tu pareja y fuera de ella, sin artificios. Que tu dolor le duela. Que le alegre tu alegría.** La intimidad compartida. Eso te otorgará unas alas que te permitirán volar.

La seguridad de quien conoce tu historia, tus miedos y vulnerabilidades, y los recoge, los valida, los cuida y los protege, en lugar de utilizarlos para hacerte daño. La certeza de que puedes irte a dormir tranquilamente porque su cariño hacia ti no pende de un frágil hilo. Porque el amor también es tranquilidad y, si te van a robar el sueño, será mejor que esa persona esté fuera de tu vida.

Las relaciones emocionalmente sanas tienen como objetivo el bienestar de las personas implicadas. Un bienestar compartido y recíproco. A esto se le llama intercambio de reforzamiento positivo. Por ejemplo, la validación emocional de lo que estás sintiendo por parte de tu pareja. El amor no son grandes viajes ni pedir matrimonio bajo la torre Eiffel. Son **esos pequeños detalles que se producen en el día a día.** Un mensaje del tipo «tengo mucho lío en el curro, pero me he acordado de ti». Una notita en el espejo del baño. Un beso de esos que resucitan a un muerto al llegar a casa. Acariciarle el pelo al otro cuando estáis en el sofá. Un detalle como traerte tu chocolate favorito que te hace sentir importante. Pero tiene que haber equilibrio y reciprocidad, porque si solo tiras tú, te agotarás al situarte en una relación asimétrica.

En las relaciones emocionalmente sanas te sientes libre. Esa libertad son unas alas que te permiten volar. Una relación bonita te transforma para bien, no te hunde. Te da la oportunidad de desarrollarte a todos los niveles, porque **en un contexto seguro se producen las condiciones adecuadas para crecer.** Me explico. Si coges una plantita y no la cuidas, se muere. Si el cuidado de esa plantita lo dejas simplemente en manos del amor, se muere. Si está situada en un jarrón demasiado pequeño que no le permite crecer con libertad, se muere. Si la tierra no es la adecuada, se muere. Si las condiciones de luz no son las que necesita, se muere. Si la cuidas según te da y no según sus necesidades, se muere. Sin embargo, si las condiciones son las adecuadas con un cuidado constante, la plantita se desarrollará bonita y luminosa.

> **El amor no puede ser posesión,
> me niego a entenderlo así. Solo mediante
> la libertad al amar se puede alcanzar un vínculo
> emocionalmente sano.**

¿Y la sexualidad de las relaciones emocionalmente sanas? Cuidar la sexualidad implica considerarla una variable nuclear en el vínculo y entender que no brota en un bosque como si fuera un champiñón. El deseo es una emoción y para que aparezca se tienen que dar las condiciones necesarias. Pero la vida hiperproductiva ahoga el deseo. Una vez una paciente me espetó en mitad de una sesión: «**no es que no tenga deseo, es que estoy hasta la seta**». Y me pareció una manera maravillosa de expresarlo. Por lo tanto, una relación sana también entiende que la vida sexual de las parejas va por etapas, que la sexualidad se cuida y no empieza estando cada uno en un lado del sofá con el móvil, ni se impone ni mucho menos se utiliza el chantaje o la culpa para obtenerlo.

En una relación emocionalmente sana te quieren como tú necesitas. Si lo que necesitas no es lo que te dan, ahí no es. Lógicamente nadie es adivino y hay que pedir las cosas. Pero en una relación sana no hay que mendigar o luchar para que te lo den. Ni el «si te lo tengo que pedir ya no lo quiero» ni el «por favor, te lo he pedido ya siete veces». Ese difícil equilibrio donde tus necesidades afectivas o emocionales están bien atendidas.

No en pocas ocasiones acuden a consulta parejas para iniciar un proceso de terapia, y tras hacer la evaluación y ver que no queda ya ni rastro de lo que debería ser una pareja yo les pregunto: «¿Por qué seguís juntos a pesar de todo esto?». La respuesta siempre es la misma: «Porque nos queremos». Y oye, así dicho suena superbonito, pero no es más que una frase a la que a veces nos aferramos con tal de no soltar y que en ciertos casos se encuentra vacía.

> —Si es que yo te quiero mucho.
> —Mejor no me quieras tanto y quiéreme
> como necesito.

En una relación emocionalmente sana hay admiración. Porque la atracción va mucho más allá del físico. La admiración es uno de los ingredientes nucleares que componen un vínculo emocionalmente sano. No hablo de que tu pareja sea un Premio Nobel, sino de esas pequeñas cosas que él o ella hace como acariciar gatos, preparar croquetas o pintar miniaturas, y que a ti te hacen suspirar mientras piensas «míralo qué feliz ahí haciendo sus cosas». **Lo contrario de la**

admiración es la indiferencia, y según John Gottman, psicólogo que lleva toda su vida trabajando con parejas, la indiferencia es la sentencia de muerte del vínculo afectivo.

Una relación emocionalmente sana se encuentra alineada con tus valores. Recuerda que los polos opuestos en las relaciones afectivas van a terminar como un choque de trenes. Ya has leído la importancia que tienen los valores en la vida de las personas. Los valores compartidos hacen que un vínculo afectivo tenga una sola dirección. De hecho, es muy frecuente que las parejas dependan del ciclo vital de sus miembros y sea permeable a un contexto que se encuentra en permanente cambio. Por ejemplo, cuando una de las partes inicia un proyecto vital que se vuelve incompatible con los valores que tenía hasta ahora la pareja. Por supuesto que todo debería poderse hablar y renegociar, pero sin llegar a renunciar a tu vida por amor o por mantener el vínculo a toda costa. ¿Cuántas historias conoces en las que una persona lo ha dejado todo por amor, por ejemplo, se ha ido a otra ciudad por mantener el vínculo y eso ha terminado en desastre?

En las relaciones emocionalmente sanas se tienen conversaciones incómodas y se discute. Los conflictos son inevitables. Un vínculo sano no es aquel que no tiene discusiones, sino aquel en el que, cuando hay un problema, conflicto, desavenencia o diferencia de opinión, ambos reman juntos en la misma dirección. Ambos frente a un problema, no el uno contra el otro abriendo el cajón de la mierda.

Una relación emocionalmente sana está basada en el respeto. Y el respeto es uno de esos mínimos que no se negocian. Si no hay respeto, no hay amor. Si se falta al respeto a la otra persona, es que falla prácticamente todo en el vínculo, y este se resquebrajará como el fino hielo de un lago helado al ser pisoteado. Y si no estás emocionalmente bien para interactuar con tu pareja, antes de resquebrajar el respeto, sal de la habitación para respirar (comunicándolo primero) o pide ayuda.

....

No hay vínculo más poderoso que aquel cuyos miembros trabajan en su relación y cultivan valores tan bonitos como el cariño, la confianza, la validación, la empatía y, por supuesto, el respeto mutuo.

....

Si una relación emocionalmente sana se termina, sé un buen ex. No hay mayor acto de amor, del bonito, del bueno y del sano, que dejar volar libre a quien no quiere estar contigo. Lo contrario es egoísmo y posesión. Así que cada uno por su lado a trabajar su duelo. El duelo duele, que no se te olvide, pero ese dolor no puedes resolverlo con tu ex porque es como echar sal en una herida. Así que, si te cierran la puerta, no pongas el dedo. ¿Y si se tienen hijos? Pues de nuevo ambos frente a un problema, ya no sois pareja, pero sois papás y tenéis que relacionaros de manera sana porque el peque (o peques) importa(n) más que vuestras desavenencias.

¿Y si no estás en una relación emocionalmente sana? Entonces sentirás algunas emociones que te están dando mensajes que tienen que ser escuchados. Ya has aprendido que, para lograr una correcta regulación emocional, es tremendamente importante atender a tus emociones para identificar qué te están queriendo decir y qué está sucediendo en el contexto en el que se están disparando, así que:

- Si sientes celos, fíjate si se debe a que no confías nada en tu pareja porque te transmite de todo menos seguridad.
- Si sientes culpa, examina si tu pareja te está haciendo luz de gas y te está encerrando en un contexto de manipulación emocional.
- Si sientes tristeza, puedes preguntarle a tu tristeza qué te quiere decir, porque lo mismo quien te roba la alegría es tu pareja con sus acciones (o la falta de ellas) y no estás en el vínculo que realmente mereces y necesitas.

- Si sientes ira, revisa si tu pareja se está saltando tus límites, porque entonces esa ira que sientes es muy funcional.
- Si sientes inseguridad, pregúntate qué cosas te está diciendo tu pareja. Quizás te está comparando con las personas que sigue en Instagram. Puede que te haya dicho que has engordado. Lo mismo te está mintiendo respecto a algunas cosas que hace con sus supuestas amistades. O puede que simplemente no sea capaz de generar un contexto de confianza para que te sientas una persona segura dentro del vínculo.

Esto vuelve a poner el foco en la importante necesidad de atender lo que sientes, en este caso en el ámbito de las relaciones afectivas. Si no lo haces te estás invalidando, y ya sabes lo que sucede entonces. **Tus emociones son tus más importantes compañeras de viaje, así que escúchalas con atención y sumo cuidado.** De hecho, puede ser que lo que sientes sea una falta de responsabilidad afectiva hacia ti. Y es que es algo que contribuye de manera significativa a construir un vínculo, y es un ingrediente fundamental sin el que la receta de amor sano sale rancia. Te lo cuento ahora.

RESPONSABILIDAD AFECTIVA

La construcción de relaciones emocionalmente sanas, de las que te acabo de hablar, también implica grandes dosis de responsabilidad afectiva, un término que viene de la mano de la empatía y que se ha popularizado rápidamente. Debido a su importancia he querido dedicarle este epígrafe.

La responsabilidad afectiva implica comprender que nuestras palabras (lo que decimos y lo que callamos) y nuestras decisiones y acciones tienen siempre un efecto en la otra persona, queramos o no. Y es que no nos relacionamos en el vacío, sino que lo hacemos con personas con las que se genera un contexto de interacción, un vínculo compartido, sea este una cita de una sola noche o una relación de muchos años. Además, este concepto no pertenece solo al ámbito de las relaciones de pareja, sino que es aplicable a cualquier tipo de vínculo.

La responsabilidad afectiva no es algo nuevo, aunque la era posmoderna le haya puesto un nombre aparentemente nuevo a ser una persona honesta.

Parece que lo único que hace atractiva a una persona es su físico. Ha sido así siempre y en la era posmoderna no iba a ser menos, teniendo en cuenta además que es la era de los filtros, el afán por vender una perfección que no existe. Pero tenemos cierta capacidad de maniobra para intentar **cambiar el paradigma y que el atractivo se base en una serie de valores, uno de los cuales es la responsabilidad afectiva.** Has leído antes sobre lo que son los valores, así que vamos a hablar ahora sobre lo que puede implicar el valor de la responsabilidad afectiva:

- La claridad sobre lo que quieres en una relación, sea del tipo que sea. El «vamos a fluir» dejémoslo para el riachuelo de tu pueblo.
- La sinceridad, el mejor contexto para crear un vínculo sano.
- Validar las emociones de la persona que tienes delante, es decir, si la otra persona expresa algún miedo, tu misión es proporcionarle seguridad, no utilizarlo para manipular.
- Ser sexualmente responsable haciendo uso del consentimiento, la comunicación y el respeto integral.
- Entender que los acuerdos y los límites no se dan por supuesto ni se imponen, sino que se hablan y se negocian.
- Asertividad. O sea, ni agresividad o imposición ni guardártelo todo.
- El cuidado mutuo y respeto recíproco.
- Aclarar las cosas para que la otra persona no tenga que sobrepensar lo que está sucediendo.

- Avisar cuando no puedas o no quieras responder para evitar preocupaciones a tu vínculo.

Ya sabes que con este libro no pretendo darte un recetario que seguir al pie de la letra. Así que me gustaría que te tomaras un ratito para hacer tu propio listado de las conductas que llamamos responsabilidad afectiva y que te mereces en tu vínculo afectivo.

Con todo lo que he visto en consulta y lo que me contáis a través de mis redes sociales, creo que es más necesario que nunca recordar que, cuando alguien está varios días sin responderte, miente en su biografía o fotos de Tinder, no dice lo que quiere para generar ambivalencia, ve vídeos sobre cómo utilizar estrategias para conquistar a alguien, hace *ghosting*, aplica luz de gas, juega con varias personas a la vez, desaparece y aparece u orbita para no soltarte y miente… está haciendo todo lo opuesto a lo que la responsabilidad afectiva representa. **Y como tú quieres un vínculo sano y responsable afectivamente, permanecer en ese contexto e intentar que la otra persona cambie solo te va a hacer sufrir.** Por eso es tan importante hacerlo sencillo:

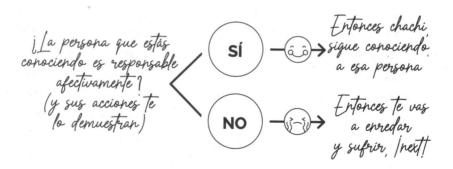

¿La persona que estás conociendo es responsable afectivamente? (y sus acciones te lo demuestran)

SÍ — Entonces chachi, sigue conociendo a esa persona

NO — Entonces te vas a enredar y sufrir, ¡next!

Ya has aprendido que no basta solo con el amor, sino que son necesarias un conjunto de conductas para construir una relación sana. La responsabilidad afectiva es una de ellas, así que cultívala para ofrecerle a la otra persona un vínculo seguro… y huye de aquellas personas que no parezcan muy por la labor de ponerla en práctica. Un vínculo afectivo que no incluya todo lo que has leído hasta ahora muy probablemente desemboque en sufrimiento.

EL AMOR NO DUELE

Antes de entrar en materia me gustaría que hicieras lo siguiente, aunque te parezca extraño. Es un ejercicio muy visual y potente que te ayudará a entender qué te sucede cuando sufres por amor. Coge un folio. Ahora quiero que te dibujes. Sí, a ti. Da igual si haces una ilustración digna de Velázquez o un monigote. El caso es que seas tú y que te identifiques con el dibujo. ¿Ya lo tienes? Bien. Ahora quiero que te imagines algún tipo de conducta que te haya hecho sufrir en alguna relación que hayas tenido, actual o no. ¿Listo?

Ahora vamos a continuar con el ejercicio. Es importante que entiendas que, cuando alguien hace algo que te duele, te rasga por dentro. Cuando alguien desarrolla una conducta que te hace sufrir, te rompe un poquito. Así que coge el folio donde te has dibujado y rómpelo. Primero a lo largo y luego a lo ancho. Ris y ras. Tendrás cuatro trozos en la mano, ¿verdad? Ahora únelos para recomponer de nuevo el dibujo. Porque eso es lo que hacemos en la mayoría de las relaciones afectivas: perdonamos cuando nos hacen daño y tiramos para adelante, ¿no? ¡Claro, el amor todo lo puede! **Ahora míralo de nuevo. ¿Ha quedado igual? Exacto, no. Tiene grietas, marcas, daño.** Pero esto no acaba aquí, pues normalmente ese tipo de conductas se repiten. Así que recoge los trozos y vuelve a romperlos. Del mismo modo que has hecho antes, vuelve a recomponer el folio. Notarás dos cosas. La primera es que cuesta más trabajo reconstruirlo. La segunda es que hay muchas más grietas. Hazlo varias veces más, si puedes. ¿Qué ves? Te ves a ti soportando meses o años de maltrato.

Las conductas que te hacen daño te rompen en pedazos. **Te dejan con la autoestima profundamente dañada y sin posibilidad de recomponerte,** dependiendo de la otra persona (la misma que te ha hecho daño) para que coja tus pedacitos rotos y los arregle cuando quiera para volver a romperlos tiempo después. Sin el menor rastro de ti, de lo que eras y de lo que te hubiera gustado ser.

Hemos visto que sufrir por amor es algo que nos han enseñado, un discurso verbal-cultural que impregna nuestro desarrollo. **Aguantamos vínculos insoportables e insostenibles porque hemos tenido modelos de aprendizaje social inadecuados que se han construido bajo la idea de un amor romántico,** que ahora ya sabes cómo nos influye y qué consecuencias tiene. También hemos hablado de las variables psicológicas que hemos asumido como parte del amor y que no son más que conductas tóxicas que se basan en ideas erróneas de mal amor.

Lo cierto es que el amor NO DUELE. Duele que te invaliden y que te hagan llorar. Duele el aislamiento, los insultos, los desprecios y las humillaciones. Duele que se rían de ti y que te controlen o que te ridiculicen y menosprecien delante de tus amistades. Duele que te echen la culpa de todo y que te digan que eres una persona demasiado intensa, exagerada o dramática. Duele que se larguen dejándote con la palabra en la boca. Que te señalen algo de tu físico o te comparen con otras personas. Duele mucho que no te prioricen y que utilicen tu dolor para echarte cosas en cara. Duele horrores que te amenacen con dejarte si «sigues así» si la otra persona sabe que eso te hace conectar con tu miedo al abandono y te manipula con ello. Duele sentirte siempre a la sombra de tu pareja. Duele que regalen atención a todo el mundo y tú la tengas que mendigar o suplicar muestras de cariño. Duele la ley del hielo. Duele que se vayan de fin de semana y que no te escriban ni un solo mensaje, pero que cuando te vas con tus amigos de finde el día antes te monten el pollo para que no puedas disfrutar. Duele horrores que no le duela tu dolor. Duele demasiado que no se alegre de tus alegrías. Duele que hayas perdido tu brillo por haberte vuelto gris. Todo este dolor es la antítesis del amor sano.

> **Si duele no es amor. Será otra cosa.**
> **Miedo a la soledad, conformismo, enganche,**
> **enredo, dependencia emocional o necesidad.**
> **Pero nunca será amor una relación que te ata**
> **y no te permite ser libre. Del mismo modo que si**
> **te duele un brazo puede que haya algo roto ahí**
> **dentro, si te duele el amor lo que probablemente**
> **se esté rompiendo seas tú.**

Y repito, porque es importante que entiendas que el problema no lo tienes tú. Tú eres solo una víctima de todas las estrategias de manipulación emocional que pueden estar utilizando contigo. Suena en mi cabeza una parte de la canción de Joaquín Sabina «Amor se llama el juego», que dice: «Y cada vez más tú, y cada vez más yo, sin rastro de nosotros» Y es que suelo escuchar en consulta que de repente la pareja ha cambiado. La dura realidad es que no ha cambiado. Simplemente te había entregado unas gafas de amor mediante las cuales veías lo que esa persona quería, un ideal romántico.

Si sientes que estás viviendo un «no amor» **ha llegado el momento en el que se caigan las máscaras. Adiós al artificio. Dale la bienvenida a la realidad. La de su verdadero ser.** Necesitas con apremio escuchar lo que te dicen tus emociones. Y muy probablemente te digan algo como: tienes que aprender a soltar y dejar ir.

SOLTAR LO QUE NO FUNCIONA

Para empezar este apartado me gustaría proponerte un ejercicio experiencial que suelo realizar con mis pacientes en consulta. Experiencial implica que lo puedas vivir en tu piel. Así que vamos a realizarlo ahora mismo, y es fundamental para su comprensión que lo hagas tal cual te lo planteo.

Deja este libro delante de ti, abierto por esta página y coge un vaso grande lleno de agua, un libro gordito o un paquete de arroz.

Estira el brazo de tal manera que quede totalmente recto y paralelo al suelo, mientras sujetas el peso. Mantente en esta postura. Conforme vaya pasando el tiempo irás notando varias sensaciones, aunque estas dependen de cada persona y del tiempo que transcurra.

Poco a poco irás sintiendo una quemazón en la zona del hombro. Esta es la primera alarma. Pero recuerda que te he dicho que aguantes un poco más. También en los flexores del codo. Sigue aguantando. Y puede que la mano esté más tensa a estas alturas que un debate electoral. Aguanta, esta es mi instrucción. Por supuesto, no quiero ni que te duela ni que te hagas daño, pero **si sigues aguantando en esta situación el dolor seguirá y seguirá.** Porque ¿sabes para qué sirve el dolor? Para decirte que así no puedes estar y que dejes de hacer esto o ¿sabes lo que te va a pasar?, que te vas a lesionar y a romper algo. Ahora puedes soltar el peso. Eso es, verás qué sensación de alivio.

Esto es lo mismo que sucede en un vínculo afectivo que no funciona, es de maltrato o te genera sufrimiento. Del mismo modo que el dolor te indicaba que tenías que soltar el paquete de arroz, **las emociones que sientes te están mandando importantes señales, que si no son escuchadas gritarán más y más para alertarte.** Como en la metáfora de la alarma de incendios, ¿recuerdas?: te quemas. Así que el primer gran aprendizaje que me gustaría transmitirte es que soltar un vínculo que para ti es muy importante, o que probablemente sea el centro de tu vida, duele mucho (luego hablaré del alivio), pero quedarte en él acabará por romperte en pedacitos (como en el ejercicio del folio).

....

Soltar un vínculo que es importante para ti duele mucho. Pero sostener lo insostenible, dolerá muchísimo más.

....

Uno de mis gifs favoritos es el de un koala pequeño y adorable que está agarrado a la pierna de su cuidador como si no hubiera un mañana, mientras este camina. En esa posición, el koala acompaña al cuidador vaya donde vaya, sin tomar ninguna decisión al respecto sobre su destino. **Es una dinámica que podemos ver bastante en las relaciones, donde una de las partes se aferra al vínculo porque, de lo contrario, se sentiría perdida y sin rumbo.** Aunque al koala y a ti os dé miedo soltar para iniciar vuestro propio camino, a veces es necesario hacerlo para empezar a caminar en dirección hacia tus propios valores, hacia lo que realmente quieres que guíe tu vida.

A pesar de que la teoría pueda parecer sencilla, llevarla a la práctica no lo es tanto. Plantearte dejar a tu pareja puede generarte mucha ansiedad. Y, como hemos visto, luchar contra ella o intentar mantenerla a raya tampoco sirve. ¿Qué puedes hacer, entonces? Un buen punto de partida puede ser sentarte un rato contigo, alejarte del ruido y reflexionar sobre tus valores. Esos que creías olvidados.

Busca dentro de ti. Pregúntale a la persona que eras antes de esta relación qué quiere hacer con su vida, qué necesita, a dónde quiere ir. Pregúntate: si tuvieras alas de nuevo, ¿a dónde te gustaría volar? Y es entonces cuando se ilumina el faro al que puedes dirigirte. En este momento es cuando pones tu ansiedad al servicio de tus valores. Te lo enseño invocando a mi amiga la tortuga.

Esta tortuga quiere dirigirse a su nido donde están sus tortuguitas. Para ella es algo muy importante, al fin y al cabo, se trata de sus crías (valores). Pero por su historia de aprendizaje, siente muchísimo miedo cada vez que estalla una tormenta o tiene que cruzar un río de agua turbulenta y se mete en su caparazón, donde se queda tranquilita. A veces sale del caparazón y lo intenta, pero cuando sucede algo inesperado como un amago de lluvia, un relámpago o suenan las aguas revueltas, vuelve a su caparazón de nuevo. ¿Crees que así la tortuga avanza hacia lo que realmente le importa (sus crías)? Si intenta avanzar siente mucho miedo. Si se queda en su caparazón siente alivio. No obstante, la tortuga puede avanzar abierta a todo lo que pueda surgir en el camino (la tormenta o el río turbulento), con todo el cuerpo fuera y dispuesta a sentir ese miedo, notando todo lo que surja mientras avanza hacia sus valores (sus crías). Que estalle la tormenta o que no le guste lo fría que está el agua del río no depende de ella. Pero lo que sí depende de ella es su compromiso de avanzar en la dirección hacia la que se encuentran sus crías. Esto es darle un sentido al sufrimiento y alinearlo con tus valores. (Metáfora adaptada de Kelly Wilson y Carmen Luciano).

Por esto es tan importante que sean tus valores los que te impulsen (tener una relación sana y tranquila) y no las sensaciones («es que en el fondo nos queremos»). De lo contrario, las funciones apetitivas (permanecer en el vínculo) van a tomar el control de tu vida frente a las aversivas (lo que no funciona en tu vínculo), haciéndote permanecer en un vínculo que no funciona y, además, te hace sufrir. No te engañes, ni va a volver lo del principio ni va a cambiar por amor. Y sé que salir de una relación duele horrores, pero ya has visto en la metáfora de la tortuga que para avanzar tienes que permitir que el malestar emocional te atraviese.

Así que, por más que sea con un futuro horrible por delante (según tu dictador interno), prefieres quedarte en la relación y te aferras a la posibilidad de que todo cambie, permitiendo que tu ideal del amor sea lo que dirija tu vida, aunque no sepas a dónde estás yendo.

Para no acabar así, es importante realizar un trabajo de deconstrucción del amor y de tu vínculo actual, empezar a verte como una prioridad y tomar el volante de tu autobús. Porque el amor también es saber soltar e irse, pues el amor más puro y sano que puedes cultivar es el amor propio. Y ya has aprendido que el amor propio no florece en el jardín inadecuado.

Antes de cerrar este apartado quiero prometerte algo. Y es que, aunque ahora no seas capaz de ver la luz y pienses y sientas que eres incapaz de soltar lo que te hace daño, algún día podrás. **Eres capaz de muchísimo más de lo que imaginas.** Y cuando pase un tiempo, trabajes en ti y estés en un nuevo contexto saludable, sentirás tranquilidad y alivio. Se habrá deshecho ese nudo que sentías en tu cuerpo. Es el alivio emocional, la calma, la tranquilidad, el volver a reencontrarte contigo y conectar con tu esencia.

Una vez aprendas a soltar lo que no funciona, serás capaz también de construir un vínculo afectivo sano y maduro. Una relación emocionalmente sana, en la que tus necesidades sean atendidas y tus emociones validadas. Una en la que puedas, además, sentirte libre, en la que puedas seguir siendo tú y tu pareja no sea exclusivamente el centro de tu vida. Y, ¿cómo se hace eso? Vamos a descubrirlo.

AMA SIN PERDERTE: LA DEPENDENCIA EMOCIONAL

En París existe un famoso puente que se llama el Puente de las Artes, más conocido como el puente de los candados, donde las parejas enamoradas colocaban un candado que simbolizaba su amor y tiraban la llave al río.

De entrada, ya me parece que representar al amor mediante un candado no es la metáfora más acertada. **¿Acaso puede haber algo que represente más la falta de libertad que un candado? Porque a mí más bien me parece que lo que simboliza es una cárcel.** (Lo gracioso es que la práctica se ha prohibido porque el peso de tanto «amor» estaba acabando con la estabilidad del puente, la barandilla no aguantaba más). No puede explicarse de forma más poética el peligro de la dependencia emocional.

Este modo de vincularte genera mucho sufrimiento y estancamiento vital, siendo un motivo de consulta muy frecuente y, aunque hay varios patrones relacionales de dependencia emocional, el más destructivo es el que se da entre un hombre con patrón de personalidad narcisista y una mujer con baja autoestima. Pero, aunque este sea el más habitual, vamos a explorar juntos el patrón de dependencia emocional.

Quiero que observes la siguiente imagen y que dediques un rato a reflexionar sobre qué es lo que te sugiere.

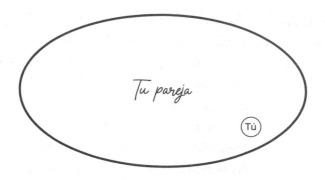

Si hubiera que titular esta imagen con una expresión sociocultural romántica sería: «Tú lo eres todo para mí». Dicho así puede parecer muy bonito, pero vamos a encontrar la trampa. Esta imagen representa una situación de dependencia emocional en la que la pareja se convierte en el centro de la vida de la persona. No debe tomarse como una característica que defina a la persona que se encuentra en la relación, sino a la situación en sí. ¿Es tu caso o lo ha sido en algún momento? Me gustaría que te pararas a pensarlo un momento antes de continuar.

> **La creación de un vínculo afectivo**
> **debería darse desde la elección,**
> **no desde la necesidad. Y mantenerlo**
> **no puede estar por encima de todas las cosas.**
> **Puedes ceder una parte de ti,**
> **pero nunca entregarte por completo.**

Las personas que se encuentran en una situación de dependencia emocional experimentan las emociones relacionadas con su vínculo afectivo de manera muy intensa. Estímulos externos como la ausencia de la pareja (se ha ido con sus amigos) o internos (pensar en que se rompa la relación) resultan muy aversivos (intensos, molestos y desagradables), pues conectan a la persona que sufre dependencia con su historia de aprendizaje, que probablemente haya generado un miedo al rechazo o al abandono. Para tratar de paliar ese malestar, se intenta obtener atención de la pareja en todo momento, de cualquier manera y a cualquier precio, aunque eso acabe provocando que ocupe en tu vida un espacio cada vez más grande, mientras tú te disuelves hasta desaparecer por completo dentro del vínculo.

La vinculación interpersonal es un rasgo adaptativo que, en estas circunstancias, deriva hacia un patrón de comportamiento desadaptado de subordinación, sometimiento y asimetría. **La conducta de la persona dependiente acaba siendo condicionada por la necesidad de permanecer con la otra persona cueste lo que cueste, aun soportando todo tipo de experiencias aversivas.** Es como si todo tu sistema psicológico pasara a las manos de la otra persona. Si tú lo eres todo para mí, cuando exista la posibilidad real o imaginaria de que te vayas sentiré un gran vacío y no sabré a dónde dirigirme ni qué hacer con mi vida. Y ese es uno de los sufrimientos más grandes que podemos sentir, porque en este contexto no solo sentimos que estamos perdiendo una parte de nuestra vida (que ya dolería de por sí), sino que lo estamos perdiendo todo. Observa el siguiente dibujo:

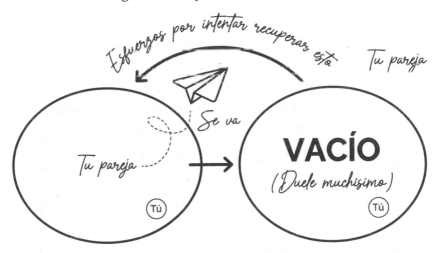

Esta es una representación gráfica de una relación con un patrón de dependencia emocional. Si tu pareja se va (el avión de papel) sientes un gran vacío porque era el centro de tu vida. **Y duele tanto esa situación que haces esfuerzos sobrehumanos para tratar de recuperar a esa persona y mantenerla dentro del vínculo.**

Si tu pareja es sana cual manzana, entenderá lo que te sucede (y si no lo entiende, pedirá ayuda para poder comprenderlo) y te ayudará a gestionar la situación y desde ese contexto seguro podrás empezar a trabajar para pasar de la dependencia emocional a tu libertad afectiva. Pero si es menos sana que lamer una barandilla, tus emociones estarán montadas en una montaña rusa de recorrido permanente y esa inestabilidad emocional irá poco a poco drenando tu autoestima, lo que acabará provocando que, como en el esquema que hemos visto antes, vayas desapareciendo por completo dentro de la relación.

La montaña rusa del sufrimiento es peligrosa y hay que tener cuidado para no caer en ella. Cuando estás abajo sufres porque tu pareja se aleja, inicias una persecución obsesiva y dejas de lado tu vida. Y cuando estás arriba, en pleno subidón emocional, vives en un estado permanente de miedo, alerta y control para que tu pareja no te deje y tu relación no se termine. Y esto no es amor. Es ansiedad, miedo, culpa, tristeza, celos y una dependencia emocional de lo más dañina.

> **Cuando intentas agarrar a alguien con todas tus fuerzas para que la relación no se termine, te estás soltando a ti. Amor es poder ser tú mismo sin miedo a que te dañen.**

Es importante que tengas en cuenta que la dependencia emocional en sí no es mala. Es decir, no somos seres independientes y autosuficientes que flotan en el vacío cual satélite. Somos seres sociales y dependemos de otras personas para vivir y desarrollarnos. Así que, **si tienes pareja, es normal que una parte de tu vida y de tus emociones dependan de ella.** El problema, como ya has leído, es cuando te pierdes por mantener el vínculo. Quiero plantearte una serie de preguntas para que puedas evaluar si te encuentras en una situación de dependencia emocional:

- ¿Qué sientes cuando tu pareja no está? Por ejemplo, ansiedad y miedo o calma y seguridad.
- ¿Te suele preocupar la idea de que tu pareja te abandone o tu relación se termine?
- ¿Si tu pareja te propone un plan sueles modificar lo que ibas a hacer por estar con él o ella?
- ¿Qué tal toleras la soledad?
- ¿Te encuentras constantemente buscando la atención de tu pareja?
- ¿Quién eras antes de tu relación de pareja?, ¿has cambiado de manera negativa?
- ¿Sientes que tu relación de pareja te ha ayudado a fortalecerte o te ha debilitado?
- ¿Si hubiera posibilidad de que tu relación de pareja terminase, sentirías que tu vida ha perdido el sentido?
- ¿Tu relación de pareja ha mantenido relativamente inalteradas el resto de áreas de tu vida o sientes que te has alejado de ellas?

Antes has podido leer que la baja autoestima es una variable de especial importancia en la dependencia emocional, lo que implica que te quieres muy poquito. **Entonces, David, ¿si yo no me quiero me pueden querer? ¡Por supuesto que sí! Te mereces que te quieran bonito independientemente de cómo tengas tu autoestima.** Porque cuando alguien te quiere de verdad, cogerá tu autoestima frágil y dañada y la cuidará como si esa persona fuera el pegamento que vuelva a unir tus trocitos.

Ahora, quiero que compares los dos esquemas que hemos visto anteriormente. Los pondré nuevamente aquí para que se te haga más sencillo visualizarlos. El primero lo vimos en la página 153 y el segundo en la 196.

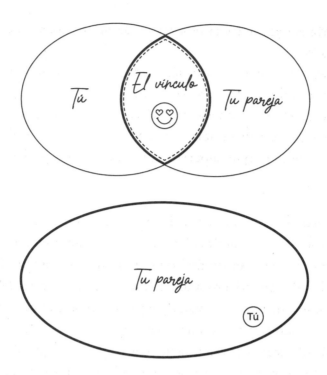

Comparemos ahora ambos modelos. Como puedes observar, en una relación sana tu pareja representa una parte muy importante de tu vida, faltaría más, pero no es la única. Como he mencionado antes, tener pareja es algo que debería surgir desde la elección, no desde la necesidad. Y para lograr esto a veces es necesario parar para estar a solas un tiempo (y escucharnos alejándonos del ruido). Hablaremos de ello a continuación.

NO ESTOY DISPONIBLE EMOCIONALMENTE

Como hemos visto a lo largo del libro, hay vínculos afectivos que pueden dejarnos profundamente dañados. De hecho, es uno de los motivos más habituales por los que una persona decide iniciar un proceso de terapia. Yo suelo plantear en la clínica que es necesario atravesar tres etapas para poder sanar y aprender a vincularnos conforme a nuestros valores. Estas son:

- Primera etapa: soltar el vínculo que no funciona y nos ha dañado.
- Segunda etapa: reconstrucción de uno mismo para reparar el daño sufrido a causa de la relación.
- Tercera etapa: ponerse en acción para conocer a alguien con quien construir de forma consciente y libremente elegida un vínculo sano (por supuesto, si la persona lo considera necesario).

Normalmente las personas vamos saltando de unas relaciones a otras o, como se suele decir coloquialmente, tenemos relaciones liana. **Evitamos el duelo embarcándonos en un nuevo vínculo.** Huimos de la soledad aferrándonos a una nueva persona como un koala a la pierna de su cuidador. Escapamos de pasar tiempo con nosotros mismos, deslizando compulsivamente en Tinder. Pero ya hemos hablado mogollón de veces de la importancia del contexto, así que planteo uno en el que pares para declararte en un estado emocional no disponible para conocer a alguien. Como si te colgases un cartel de «no disponible emocionalmente». Porque vas a estar emocionalmente disponible pero para ti. Por supuesto, este estado o nuevo contexto es temporal hasta que tú lo decidas.

Dentro de este novedoso contexto, **te vas a dedicar a ti, con absoluta prioridad y con el valor o dirección de vida del autoconocimiento y amor propio.** Puedes practicar algún deporte que te guste, cultivar algún hobby que te ayude simplemente a disfrutar, sin objetivos, colaborar con una protectora de animales o hacer rutas por la naturaleza. También puedes centrarte en un nuevo proyecto académico o laboral, dedicarte a tu familia y a tus amistades o a la vida contemplativa. O simplemente puedes descansar de conocer a alguien. El caso es que elijas no tener una relación afectiva durante un tiempo.

«Enamórate de ti, de la vida
y luego de quien tú quieras».
—Frida Kahlo

Por supuesto, esto es divulgación general y depende de cada persona que funcione o no, así que reflexiona sobre si esto puede ayudarte o si, por el contrario, no es lo que necesitas ahora mismo. Pero debes ser consciente de que habrá momentos en tu vida en los que te sientas solo y es muy beneficioso aprender a gestionarlo y aceptarlo. **Huir de la soledad solo te llevará a aferrarte a una persona (o varias) salvadora desde la urgencia afectiva, y volverás a repetir el patrón.** Y no tiene porqué gustarte la soledad, pero tenemos que aceptarla.

Hago un inciso importante. Si no eres capaz de aceptar la soledad, si siempre andas en búsqueda de una relación de pareja, será muy difícil que puedas poner en práctica todo lo que estás aprendiendo en este libro. Si sientes que tus relaciones no funcionan, que siempre repites el mismo patrón o que acabas perdiéndote con tal de mantener el vínculo afectivo, tal vez haya llegado el momento de abandonar ese sentido de urgencia para situarte en un contexto de tranquilidad que te ayudará a vincularte mejor.

Aprender a construir una relación sana es fundamental, teniendo en cuenta que normalmente las personas recorremos una parte importante del camino vital de la mano de un vínculo afectivo (sea el patrón relacional que sea). A lo largo de este libro has aprendido muchísimas herramientas sobre regulación emocional y relaciones afectivas que puedes poner en práctica para que nadie te arruine este viaje. Pero te voy a aportar una más, una de las que para mí es la más potente y que te va a permitir hacer un alto en el camino y mirar a la persona que va a tu lado para examinar cómo se encuentra tu vínculo, o examinarte a ti si ya estás preparado para vincularte con alguien.

Decía Sócrates que una vida que no es examinada no merece ser vivida. Lo mismo sucede con los vínculos afectivos. **De vez en cuando es necesario parar para tomar conciencia desde dónde y cómo nos estamos vinculando, tomar decisiones y realizar cambios si es necesario.** Escucharte resulta fundamental en un mundo hiperproductivo y lleno de ruido donde demasiadas veces nos movemos por inercia en todos los aspectos, también en el afectivo.

Aquí tienes 10 preguntas para que tomes conciencia de cómo se encuentra tu relación (tanto si la tienes como si no) para actuar de forma coherente contigo y con tus valores en caso necesario.

1. **¿Qué es para ti el amor? ¿Y una relación de pareja?** Puedes responder a esta pregunta en formato redacción o a modo de lista para comprobar si eso es lo que define tu relación de pareja actual. También puedes plantearte cuáles son tus mínimos, tus valores y lo que realmente necesitas y de nuevo comparar si todo esto coincide con tu vínculo afectivo actual.

2. **¿Cuáles son tus banderas rojas a la hora de conocer a alguien o estando en pareja?** Aunque ya te he facilitado antes varios ejemplos de conductas que no tienen cabida en una relación sana, haz ahora un listado con las tuyas. Recuerda que son innegociables. Una vez las tengas claras, reflexiona sobre si la persona que estás conociendo o tu pareja actual se ha saltado alguna de estas banderas rojas. Si es así, tal vez debas tomar una difícil decisión al respecto.

3. **¿Desde dónde te estás vinculando con esta persona?** Es decir, ¿te vinculas desde la libre elección o desde la necesidad

afectiva y la dependencia emocional?, ¿es tu pareja una parte importante de tu vida o casi toda tu vida depende de ella? ¿Hasta qué punto tus estados emocionales dependen de tu pareja?

4. **¿Por qué no funciona tu relación de pareja?** Con esta pregunta no pretendo que te tortures. Pero ya hemos visto cómo funciona la esperanza mal encaminada, cuando nos centramos exclusivamente en los aspectos positivos, el ciclo de luna de miel, el conformismo o el «si cuando estamos bien estamos muy bien». ¿Y cuando no estáis bien? Intenta encontrar las causas que respondan a esta pregunta.

5. **¿De quién consideras que estás enamorado?**, ¿de tu pareja tal cual es hoy en el presente o de como era cuando la conociste? También puede ser que te hayas anclado a la esperanza de que esa persona cambie o se modifiquen ciertas circunstancias a futuro (cuando trabaje menos o deje a su pareja actual).

6. **Si tuvieras una máquina del tiempo...** ¿volverías a empezar esta relación de pareja con toda la información de la que dispones actualmente? ¿Volverías a experimentar todas las vivencias compartidas y de la misma forma en la que se han desarrollado (tanto las negativas como las positivas)?

7. **¿Te muestras en tu relación tal cual eres, sin máscaras, miedos o mecanismos de defensa?** ¿Sientes la tranquilidad de poder mostrar tus vulnerabilidades abiertamente y de que estén expuestas?

8. **¿Tu pareja se alegra de tus éxitos y comparte tu alegría?**, ¿a tu pareja le duele tu dolor y le preocupan tus preocupaciones?, ¿sufre cuando te ve sufrir?, ¿le importan realmente tus problemas? ¿Pondrías tu mano en el fuego porque tu pareja no te haría daño intencionadamente?

9. **¿Tienes que acabar cediendo, disculpándote o callándote las cosas para que tu pareja no se enfade?**, ¿te castiga

con la ley del hielo o te amenaza con dejarte cuando tenéis una discusión o un conflicto?

10. **¿Te gustaría que una persona como tu pareja tuviera una relación con tu hijo o hija (los tengas o no)?** Para mí, esta es una de las preguntas más potentes que suelo plantear en terapia porque ayuda a tomar una perspectiva muy necesaria (habilidad de defusión).

Y te dejo una extra: ¿qué le dirías a tu yo del pasado el día que decidió iniciar una relación con tu pareja?

PSICOCLAVES

El amor es un espacio compartido libremente elegido, es reciprocidad, bienestar, valores, admiración, atracción, seguridad, compromiso, confianza e intimidad. En un vínculo afectivo, historias de aprendizaje diferentes comparten una parte del camino, sin dejar de lado la libertad individual.

- Las mariposillas están tremendamente sobrevaloradas y, aunque puede ser emocionante sentirlas, normalmente no es buena idea que tomen el control de tus decisiones.
- El amor y las relaciones de pareja permanecen envueltos en una serie de mitos que perpetúan maneras de vincularse inflexibles y que dirigen tu conducta, diciéndote cómo tienes que pensar y sentir.
- Para no seguir repitiendo el mismo patrón relacional y así dejar de sufrir, puedes hacer un recorrido por tu historia afectiva y aprender a vincularte de otra manera que te funcione mejor.
- Las relaciones emocionalmente sanas son aquellas en las que puedes mostrarte vulnerable, no hay estrategias detrás, se respetan los planes de pareja y el espacio individual, hay confianza, bienestar y libertad. En una relación sana las emociones de cada uno son validadas, se cuida la sexualidad, te quieren como necesitas, hay admiración y valores, se discute bien y se basan en el respeto.

- A pesar de que culturalmente te hayan enseñado a ser una persona sufridora en nombre del amor, no está la vida para perderla en relaciones que te generan sufrimiento. Si un vínculo afectivo te hace sufrir, no es amor.

- La dependencia emocional hace que te pierdas en el amor y te diluyas en el vínculo afectivo, priorizando a tu pareja hasta tu completa desaparición. Un amor sano no te anula, te potencia.

- Si tu vínculo no funciona, aprender a soltar se torna fundamental en aras de reconstruirte y dirigirte hacia una relación sana (si eso es lo que quieres).

- La responsabilidad afectiva implica comprender que tus palabras, decisiones y acciones tienen siempre un efecto en la otra persona. Es un valor importante a la hora de vincularte.

- Si te has agotado de perseguir el amor, repetir patrones y sufrir por amor, una interesante estrategia a seguir es declararte emocionalmente no disponible y que puedas establecer un vínculo contigo mismo.

ME DESPIDO DE TI

«Todos esos momentos se perderán en el tiempo,
como lágrimas en la lluvia.»

Roy Batty, replicante en *Blade Runner*.

Querido lector, querida lectora. Quiero agradecerte de corazón que hayas llegado hasta aquí. Si te tuviera delante, me verías aplaudiéndote con una sonrisa de plena satisfacción. Sé que no ha tenido que ser fácil para ti realizar un recorrido por tu historia, abriendo viejas heridas y conectando de manera tan profunda contigo. Es muy complicado tomar contacto con todo aquello que sientes, porque suele doler mucho. Así que déjame decirte que eres un superhéroe o una superheroína.

Porque emprender un viaje hacia el amor propio se torna difícil en un mundo que no te lo pone nada fácil. Curiosamente la modernidad, que debería ser sinónimo de progreso y prosperidad, nos ha traído la precariedad. Y no es signo de buena salud estar bien adaptado a una sociedad que hace aguas a casi todos los niveles. Entre lo que cuestan los alquileres y la cesta de la compra, que tu jefe es un tirano y la romantización de la productividad y el no poder tener vida personal, lo normal es sufrir. Por eso, una parte fundamental en tu camino es comprender que las reglas del juego están mal. Y que, por muchas habilidades de regulación emocional que actives, cuando no puedes pagar la factura de la luz el sufrimiento permanecerá contigo. Espero que después de llegar hasta aquí te haya quedado claro que no hay nada dentro de ti que esté escacharrado, sino que el foco lo tenemos que poner en el propio contexto en el que vives, ese que te pone la zancadilla una y otra vez.

Ojalá a partir de ahora, cuando mires dentro de ti, lo hagas con la compasión y la validación emocional que has aprendido a aplicar a lo largo de las páginas de este libro. El viaje hacia el amor propio pasa por revisar tu historia de aprendizaje para aceptar lo que estás sintiendo hoy. Pasa por comprender que eres la persona más importante de tu vida. Te dije en la introducción que no puedo venderte humo ni arreglarte la vida. Porque hay contextos y situaciones que son una verdadera m**rda se mire como se mire. El amor propio es quererse, a pesar de la que está cayendo ahí fuera. Que bastante difícil está el panorama como para que también te machaques a ti mismo. Y es que el viaje hacia el amor propio pasa por comprender que eres la persona más importante de tu vida.

Para ello he intentado ofrecerte un flotador en forma de habilidades, que espero te ayuden a regularte emocionalmente, modificar la relación que tienes con ciertas sensaciones y pensamientos, entender cómo funciona tu autoestima para que no actúe como un lastre, orientarte hacia tus valores y ser capaz de soltar un vínculo que te hace sufrir para poder entablar relaciones afectivas sanas, si es lo que te apetece.

Para terminar, permíteme decirte que el viaje no finaliza aquí, al cerrar las páginas de este libro. Sigues teniendo todo un camino por delante, el tuyo. Mediante la lectura de este libro te he planteado que la vida es un viaje muy corto. Que lo importante no es el destino, sino el camino que recorres. En algunos momentos te resultará alegre y en otros, triste. Algunos senderos serán tranquilos, pero en otros tendrás a la ansiedad como compañera. Durante algunos tramos avanzarás en soledad y en otros lo harás en compañía. En algunas rutas es posible que te pierdas y en otras que debas desprenderte del exceso de peso para poder avanzar de forma más ligera hacia lo que de verdad importa para ti. Porque de esto trata la vida. De hacerlo lo mejor que podemos con los recursos de los que disponemos. La vida no es fácil.

Por eso, si en algún momento estalla la tormenta, espero que este libro haga las veces de refugio y vuelvas a él si lo necesitas.

Como dice Dory en *Buscando a Nemo:* «Sigue nadando». Me despido aquí, deseándote el mejor de los viajes.

AGRADECIMIENTOS

A mis padres, porque sin ellos yo no estaría aquí y tú no estarías leyendo este libro.

A mi hermana, por haber tenido a mi sobri, un superhéroe en un mundo que se cae a pedazos.

A Elisa, por hacer de nuestra amistad la fiesta de las croquetas. Espero que dure al menos hasta el siguiente libro. También al resto de amiguis que han soportado mis desvelos.

A Indi, mi perrito y amor de mi vida, que me ha enseñado que su mirada puede ser lo más bonito y sincero que existe. Ojalá fueras eterno.

A Kara, mi gato-vaquita, porque es tan mimosa que no se separa de mí y, al no dejarme dormir, me ha otorgado tiempo para escribir.

A Arya de la casa Stark de Invernalia, mi gato-panterita, a la que puse este nombre porque pensaba que era valiente, pero ha resultado ser la gata con más miedos del mundo.

A Spiderman (o más bien a Peter Parker) porque fue un refugio para mí en medio de la peor de las tormentas.

Al maravilloso equipo de psicólogas que me acompañan en mi proyecto y de las que aprendo mogollón cada día. Sois el mejor equipo personal y profesional que alguien podría tener. Gracias por aportar tantos valores. Por muchas más reuniones llenitas de una bonita amistad y la más curativa de las risas.

A mis pacientes, por permitirme acompañaros una parte de vuestro camino. Me llevo un trocito de todas y cada una de vuestras historias de sufrimiento y superación. Sois las personas más increíbles que he conocido en mi vida.

A Eugenia y Valeria, editoras que creyeron en mí, porque aguantarme es un trabajo con el que, sin duda, ellas terminarán en el psicólogo. También al resto de personitas implicadas en que tengas este libro en tus manitas.

Y, por supuesto a ti, querido lector o querida lectora, por comprar este libro. En un mundo donde la cultura está en decadencia, leer un libro es plantar una semilla que germinará con el mejor de los aprendizajes. Así que gracias infinitas. ¡Se os quiere mogollón!

BIBLIOGRAFÍA

Sal de tu mente, entra en tu vida. La nueva Terapia de Aceptación y Compromiso (ACT). Steven C. Hayes. Desclée De Brouwer.

Terapia de aceptación y compromiso (ACT): Un tratamiento conductual orientado a los valores. Carmen Luciano y Kelly Wilson. Psicología Pirámide.

Valores en terapia: Guía del clínico para ayudar a los pacientes a explorar valores, aumentar la flexibilidad psicológica y vivir una vida más plena. Jenna Lejeune y Jason B. Luoma. Psara Ediciones.

La invención de trastornos mentales: ¿Escuchando al fármaco o al paciente? Marino Pérez y Héctor González. Alianza Editorial.

La vida real en tiempos de la felicidad: Crítica de la psicología (y de la ideología) positiva. Marino Pérez. Alianza Editorial.

Aprendiendo TMR. Una introducción a la teoría del marco relacional y sus aplicaciones clínicas. Niklas Torneke. MICPSY Publicaciones.

Protocolo unificado para el tratamiento transdiagnóstico de los trastornos emocionales. David H. Barlow. Alianza Editorial.

Fundamentos y aplicaciones clínicas de FACT: Una intervención para abordar el sufrimiento humano a través de las terapias contextuales. Juan José Macías y Luis Valero. Psicología Pirámide.

Dominando la conversación clínica: El lenguaje como intervención. Steven C. Hayes. MICPSY Publicaciones.

La metáfora en la práctica: Una guía profesional para usar la ciencia del lenguaje en psicoterapia. Niklas Torneke. MICPSY Publicaciones.

El hombre en busca de sentido. Viktor Frankl. Editorial Herder.

Sonríe o muere: La trampa del pensamiento positivo. Barbara Ehrenreich. Turner Noema.

Cognitive defusion. Ruiz, Francisco & Gil-Luciano, Barbara & Segura Vargas, Miguel. 2021. In book: Oxford Handbook of Acceptance and Commitment Therapy. Publisher: Oxford University Press.

Análisis de los contextos verbales en el trastorno de evitación experiencial y en la terapia de aceptación y compromiso. Luciano, Carmen & Rodríguez-Valverde, Miguel & Martínez, Olga. 2005. *Revista Latinoamericana de Psicología.* 37.

A multiple-baseline evaluation of a brief acceptance and commitment therapy protocol focused on repetitive negative thinking for moderate emotional disorders. Ruiz, F. J., Flórez, C. L., García-Martín, M. B., Monroy-Cifuentes, A., Barreto-Montero, K., García-Beltrán, D. M., Riaño-Hernández, D., Sierra, M. A., Suárez-Falcón, J. C., Cardona-Betancourt, V., & Gil-Luciano, B. 2018. *Journal of Contextual Behavioral Science.*

Protocolo de dos sesiones de ACT centrado en desmantelar patrones de pensamiento negativo repetitivo para trastornos emocionales moderados. MICPSY Madrid, España.

The hexaflex diagnostic: A fully dimensional approach to assessment, treatment, and case conceptualization. Wilson, K. G. 2007. Presidential address presented at the annual convention of the Association for Contextual Behavioral Science. Houston.

Psicología del sufrimiento y de la muerte. Ramón Bayés. Anuario de Psicologia, 1998, vol. 29, n.º 4, 5-17, Facultat de Psicologia Universitat de Barcelona.

Análisis de los contextos verbales en el trastorno de evitación experiencial y en la terapia de aceptación y compromiso, Carmen Luciano, Olga Gutiérrez y Miguel Rodríguez. *Revista Latinoamericana de Psicología,* 2005, 37, n.º 2, 333-358.

Ciencia y conducta humana. B. F. Skinner. ABA España. *¿Qué es conducta?* Esteve Freixa i Baqué. 2003. Revista Internacional de Psicología Clínica y de la Salud 2003, Vol. 3, nº 3, pp. 595-613.